Introduction to Distribution

유통의 이해

저자 **김동명**

JINSAEM 진샘미디어

머리말

수년 전, 오랜 기간 사업을 하다가 자연스레 경영이론에 대한 관심이 깊어진 계기로 MBA과정에 들어가 유통 분야의 학문을 연구했던 경험이 있습니다.

당시에는 유통과 마케팅 관련 분야에 지식이 부족한 사람들을 위해 알기 쉽게 설명해놓은 해설서가 거의 전무한 시기였기에, 학부과정에서 대부분 타 학문을 전공하고 MBA과정에 입문하였던 동료 원생들과 저는 유통의 개론을 배우기가 여간 힘든 것이 아니었습니다. 이러한 고충을 경험하며 쉽게 쓰인 기본서의 필요성을 절감하는 가운데, 언젠가 제 고향 봉화에서 생산되는 특산물을 판매하는 유통 과정을 연구할 기회가 생겼습니다. 그 단계들을 접하며 저는, 지역 소상인분들이 상품 판매 과정에서 마케팅의 원리에 대해 더 깊이 이해할 수 있다면 기존보다 훨씬 더 높은 부가가치를 창출하는 것과 더불어 최상의 농산물을 저렴한 가격으로 직접 소비자에게 제공하는 방식을 통해, 유통 활동에 참여하는 이들 모두가 합리적인 만족을 누릴 수 있을 것이라는 생각에 이르렀습니다.

이러한 배경에서 기존의 마케팅이나 경제·경영학에 대한 전문지식이 없는 분들이라도 유통 과정을 이해하기 쉽게, 기본적인 이론부터 실제 현장의 적용에 이르기까지 자연스럽게 구성된 개론서의 필요성을 절감하고 오래전부터 정리해온 연구 자료들을 모아 이렇게 엮어내게 되었습니다.

저는 유통이나 마케팅의 전문가가 아니기에, 오랜 기간 동안 저와 같은 입장에서 유통을 연구하는 분들과 실제 비즈니스 영역에 종사하는 분들의 현실적인 고충과 한계를 경험적으로 더욱 잘 이해할 수 있었습니다. 본서는 이러한 저자가 유통의 기본이론을 토대로 다년간 비즈니스 현장에서 여러 시행착오를 거치며 축적한 노하우와 MBA과정 및 경제통상학을 연구하며 얻은 배움을 적절히 적용하여 구성했다는 점에서, 유통과 마케팅에 관심 있는 대학생부터 자영업자, 소규모 사업가를 비롯한 누구에게든지 작게나마 도움이 될 것이라 기대합니다.

이 책의 상당부분은 유통 분야의 국내외 선행연구를 근거로 검토함과 동시에, 난해한 학문적 용어들을 쉽게 풀어 기본원리를 이해하는데 중점을 둔 개론서 형식이기에 더러 창의적이지 못한 부분도 있음을 고백합니다.

부족한 부분은 독자들의 지속적인 지도편달을 받아가면서 더욱 바람직하고 충실한 원론서가 될 수 있도록 배전의 노력을 다할 것입니다.

그동안 기약 없이 짬짬이 모아 두었던 대학원 시절의 자료들을 책으로 엮을 수 있도록 기꺼이 편집을 맡아주신 진샘미디어 김경태이사님을 비롯한 편집부 여러분의 수고에 진심으로 고마운 말씀을 드립니다.

2015 이른가을에

상도동에서 저자 김 동 명

차 례

제3장 조직화된 유통 업태 59

제4장 제 품 89

제1장

유통의 기본적인 역할

1. 유통이란

원시사회는 물론 근대 이전의 사회에 살던 사람들의 경제적 생활은 오직 자급자족을 통해 얻어졌다고 할 수 있습니다.

원시시대나 고대사회를 거슬러 올라가지 않더라도, 예를 들면 우리 할머니들의 세대에는 우리나라도 어느 집에서나 대부분 된장, 간장, 두부의 생산, 의복의 가공 및 세탁 등 많은 생산활동이 각 가정에서 이루어졌습니다. 생각해보면 가정을 지배했다 해도 과언이 아니며 이와 같은 자급자족에 따라 소비가 성립된 것입니다. 그러나 요즘 사람들은 다른 사람들이 만든 상품을 돈을 주고 구입하거나 그 상품을 소비, 또는 사용해서 생활하고 있습니다.

이것은 사회적 분업의 발달로 인한 것으로서 분업으로 생산방법의 효율이 높아졌기 때문 입니다. 따라서 생산이라는 것은 누군가가 생산한 상품을 구입할 것이라는 것이 반드시 필요한 조건이 되는 것입니다. 생산과 소비가 분리된다는 것은 당연히 생산한 상품을 소비자에게 어떤 방법으로든 전달해야 합니다.

이때 생산자 또는 제조업자로부터 상품 또는 서비스가 소비자에게로 이전되는 행위를 유통이라고 말합니다. 생산자 또는 제조업자가 소비자에게 직접 상품 또는 서비스 등을 이전시키는 경우도 있지만 전통적인 유통방식인 생산지로부터 도매업자를 거쳐 소비자에게로 상품이 이전되는 것입니다.

그리고, 국민경제적인 측면에서 생산과 소비를 연결시켜 주는 기능을 하며, 기업의 측면에서 생산되는 제품에 시간, 장소 및 소유의 효용을 더해줌으로써 부가가치를 창출하는 기능을 합니다.

[경제의 순환]

2. 유통의 역할

생산자와 소비자가 각각 분리됨으로서 이들 사이에는 소비와 생산시기의 격차가 발생합니다. 이런 격차를 해소하는 것이 유통의 역할이며, 이 격차를 보다 좋게 해소하는 것이 원활한 유통으로 이어집니다. 이 격차의 해소방법인 유통의 기본적인 기능은 다음 3가지로 설명할 수 있습니다.

① 인격적인 격차를 통일시켜주는 기능 : 생산자와 소비자는 분업으로 분리되어 있기 때문에 동일한 사람이 아닙니다. 자급자족 경제와 같이 생산자와 소비자가 같은 경우를 제외하면 사회적인 격차는 반드시 존재합니다. 이 때문에 생산자와 소비자 사이에서 상품을 생산자로부터 소비자에게 이전시켜주는(소유권의 이전)활동이 중요해

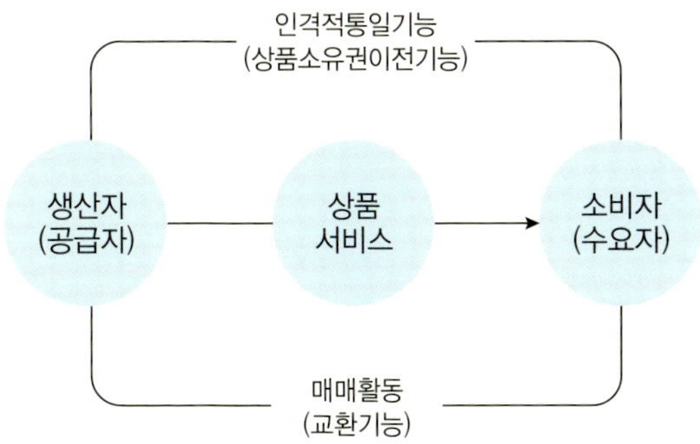

집니다. 이 인격적인 격차를 해소하는 기능이 매매기능입니다. 소유권이 이전된다는 것을 의미하는 것이 상거래활동이라는 것입니다.

② 장소적인 격차를 통일시켜주는 기능 : 공업용 제품이든 농수산물이든 생산하는 장소와 소비하는 장소가 다릅니다. 이 때문에 상품을 생산지로부터 소비지로 운송할 필요가 있습니다. 상품 및 서비스를 생산자로부터 소비자에게 이전하는 유통에 의해 장소적 통일기능이 이루어지고 사용가치가 증가합니다. 이 운송비용은 생산비용 측면이고 그 지출이 상품의 유통과정에서 이루어집니다. 그러나 운송, 통신 등이 모두 생산활동의 유통면에서 활동은 아니며 소득의 개인적 지출이라는 측면도 있습니다. 유통기술의 개선, 하역의 기계화, 합리화는 유통비용 저하, 경제사회의 발전에 기여하는 것은 말할 필요도 없습니다.

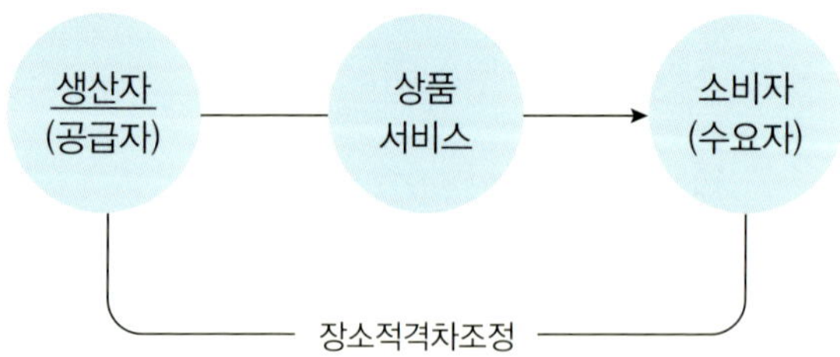

종류	종별	운송수단	특징
육상운송	철도운송 도로운송	자동차 트럭	• 고정설비투자가 많다. • 안정성, 정확성, 규칙성 • 고정설비투자가 적다 • 신속성, 저렴성
수상운송	해상운송 내수운송	선박	• 저렴성, 대량성, 안전성
항공운송		비행기 헬리콥터	• 단시간, 안전성 • 국내 및 국제 수송업무 확대 • 운임저하, 신속성

③ 시간적인 격차를 통일시켜주는 기능 : 상품은 생산하는 시기와 소비하는 시기가 다릅니다. 예를 들어 여름에 사용하는 선풍기는 여름 이전에 생산하는 것이 보통입니다. 이 때문에 생산부터 사용할 때 까지의 기간 동안 상품가치를 손상시키지 않고 보관해 둘 필요가 있습니다. 또한 장소적인 격차와 시간적인 격차를 해소하는 기능은 상품에 관한 유통이기때문에 이를 물류라고 합니다. 생산과 소비의 시간적 격차의 조정을 필요로 하는 주된 이유는 다음과 같습니다.

- 생산이 계절적인 경우 : 농수산물은 일정한 생산시기와 어획기가 있기 때문에 다음 수확 및 어획시기까지

소비한다든지 저장할 필요가 있습니다. 보관·저장을 위해서는 특별한 설비를 필요로 하는 창고를 만들어야 합니다.

- 소비가 계절적인 경우 : 계절상품이라고 할 수 있는 등유, 음료수, 석탄 등은 상시 생산하는 것이 기술적·경제적으로 이익이지만 그 소비시기가 계절적인 경우에는 저장해 놓고 수급조정을 해야 합니다.
- 계절적 변동을 초래하는 경우 : 보통 소비시기 직전에 생산하는 것이 아니라 생산시기가 소비시기보다 먼저 생산하는 것이 당연한 상품을 말합니다. 즉 의복의 경우가 그러한데 여름상품을 겨울에 생산하고 겨울상품을 여름에 생산하여 수급 조절을 위해 유통과정에서 보관합니다.
- 과잉생산인 경우 : 소비수요나 판매예측이 곤란한 경우를 말하며 경제변동이 많아 주문생산이 적은 현재의 경제현상에서는 과잉 생산될 가능성이 많아 그 만큼 저장·보관됩니다.
- 생산자 및 유통기관에서 일정 저장량이 필요 : 생산물이 즉시 소비된다고 한정할 수는 없습니다. 따라서 일정기간은 생산자(메이커) 및 각 유통단계에서는 수

요에 대응할 수 있도록 어느 정도의 재고량을 확보해 놓아야 합니다. 시간적 격차의 조정은 인격적 통일기능의 조성적 역할을 담당하는 것입니다.

- 가공을 위해 저장하는 경우 : 특정 상품은 생산된 후 소비에 적당하도록 일정기간을 제조공정의 일부로서 보관이 필요한 경우가 있다. 담배, 바나나, 위스키 등입니다.

3. 유통기능

유통기능은 생산과 소비의 조건이 어떠한 가에 따라 수집기능, 중계기능 및 분산기능의 3가지가 있습니다. 이러한 유통기능이 어떠한 유통단계에 위치하고 있는가를 나타낸 것이 아래 표입니다.

첫째는 수집기능입니다. 각각의 생산지로부터 생산물을 집하하는 것을 말하는 것인데, 생산이 지방이나 해외에 분산된 경우, 중소공업제품이나 농수산물의 경우와 같이 생산규모가 소규모인 경우에는 각 생산물을 매입하는 기능과 이를 위한 기관이 필요해집니다. 산지중개인, 산지도매상이나 협동조합이 이 역할을 담당하고 있습니다.

둘째는 중계기능입니다. 수집과 분산의 중간단계에 있으며 이 두 가지를 조정하는 역할을 합니다. 소비재분야에서는 대량생산과 그 분산도매상과의 사이에 거래를 하는 경우, 분산적 소규모생산의 농수산물 등의 수집도매상과 분산도매상과의 사이에 거래의 경우, 그리고 해외입지 조건이 관여하는 대량생산자와 대량소비자와의 거래의 경우에는 중계기능과 이를 위한 기관이 필요해 집니다. 수출입을 통해 국내의 유통기구를 해외의 유통기구와 연결하는 무역업자는 이 위치에 속합니다. 또한 농수산물을 취급하는 가락동 농수산물시장의 도매상도 여기에 해당됩니다.

세 번째는 분산기능입니다. 한 곳에 모인 생산물을 각 소비자나 수요자에게 배분하는 것을 말합니다. 소비지에서의 수요조건에 적합하게 생산물 크기를 조절하고 다품종의 상품구성으로 형성하는 기능입니다. 분산입지에서 다품종 소량다빈도 구매의 욕구가 높아진 소비자에게 접근하기 위해서는 이 기능이 불가결합니다. 주로 도매업자나 소매업자가 이 역할을 담당합니다.

4. 정보유통

생산자, 유통업자, 소비자를 연결하는 정보의 흐름

유통과정에 있어서 정보의 역할은 점차 그 중요성이 높아지고 있습니다. 소매업자와 소비자 사이의 거래계약이 이루어질 때 정보는 당사자 간에 존재하는 불확실성과 불안정 요소를 제거하고 위험을 회피하기 위해서 없어서는 안되는 역할을 해왔습니다.

정보는 거래를 하는데 사전, 도중, 사후 모든 상황에 걸쳐 필요한 것입니다. 소매업자는 소비자가 원하는 것을 발견하기 위해서 구매자의 욕구나 행동 특징을 사전에 알아야 합니다. 그리고 이를 바탕으로 생산물을 만들거나 또는 매입하여 소비자의 구입을 자극하거나 설득하게 되는 것입니다.

생산물 자체에 대해서도 무엇을 언제 얼마만큼 어디에 수송하고 보관할 것인가를 조사해야 합니다. 소비자에게 판매가 완료된 뒤에도 그 제공물에 대해 소비자의 만족상황을 알아야 할 필요가 있습니다. 소비자는 자신에게 필요한 생산물을 누구에게 어디서 언제 어떤 가격에 어떠한 이용 효과를 기대할 수 있는가를 알고 싶어합니다. 소매업자와 소비자의 만남부터 거래후의 만족과 불만족에 관한 정보의 피드백을 포함하면 정보의 역할이 다양한 형태라는 것을 알 수 있습니다.

그리고 거래 당사자에 관한 정보 뿐만 아니라 여기에 관련된 경쟁, 기술, 법률, 정치 등 모든 정보가 중요성을 갖는 것입니다. 정보의 주된 흐름에는 소매업자로부터 소비자에게 흐르는 정보와 반대로 소비자로부터 소매업자에게 흐르는 정보가 있습니다. 전자는 촉진활동(promotion), 후자는 마케팅 리서치(marketing research)라고 합니다.

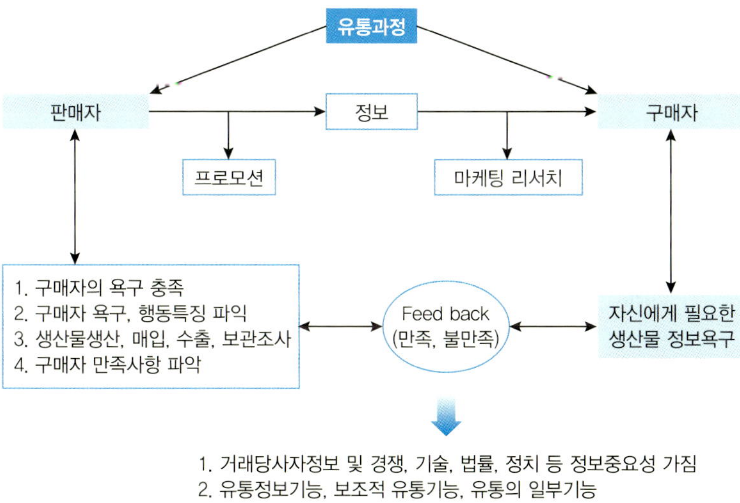

5. 유통 경로

유통경로란 상품이 생산자로부터 소비자에게 전달되기까지(흘러가는)를 말합니다. 유통에는 상품이 유통되는 과정과 물류가 있습니다만, 유통경로는 상품의 유통을 지칭합니다. 즉 매매(소유권의 이전, 다시 말하면 돈을 지불하고 구입이 완료된 상황)가 이루어지는 경로라고 할 수 있습니다.

이 유통경로를 구성하는 업자를 유통업자라고 하며, 크게 도매업자와 소매업자로 분류할 수 있습니다. 물류의 기능만을 담당하는 업자, 즉 택배와 같이 운송만을 담당하는 업자는 유통업자에 포함되지 않습니다.

도매업자는 생산자나 다른 도매업자로부터 상품을 매입하여 소매업자나 다른 도매업자에게 판매하는 유통업자입니다.

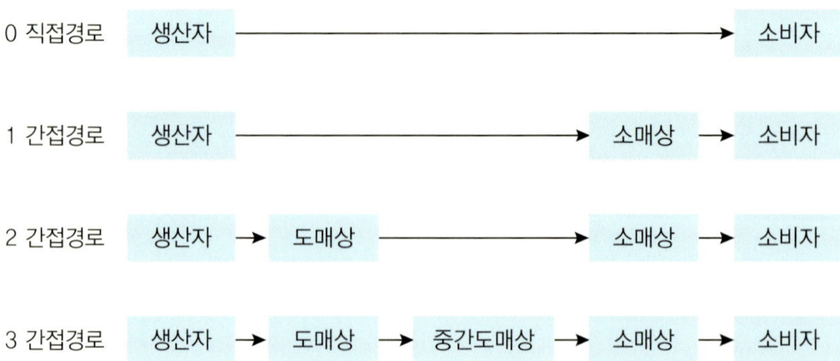

유통경로상의 위치에 따라 1차 도매업자, 2차 도매업자로 분류됩니다. 일반적으로 많은 도매업자가 개입하는 것이 우리나라 유통의 특징 중의 하나입니다.

소매업자는 생산자나 도매업자로부터 상품을 매입하여 최종소비자에게 판매하는 유통업자를 말합니다. 도매업자와 소매업자의 차이는 판매하는 상품수량의 많고 적음이 아니라 누구에게 판매하는가가 포인트입니다.

6. 서비스 유통경로

유통이나 마케팅은 상품 및 서비스를 대상으로 하는 것이라고 하면서 대부분의 경우 상품만을 다루어왔습니다. 일반적으로 상품 요건에는 소비자나 이용자가 그 상품이 유익하다고 하는 유용성(사용가치) 측면과 사업자가 그 상품의 거래를 통해 충분한 수익을 얻을 수 있다는 수익성(교환가치) 측면 2가지를 동시에 지니고 있어야 합니다. 특히 상품의 유용성은 소비자에게는 단순히 물리적인 소재나 형태의 사용, 소비를 기대하는 것만이 아니라 사용과 소비를 통해 그 상품의 기능이나 성능으로부터 얻는 효용을 기대하고 있는 것입니다. 화장품의 경우 아름다움이라는 효용, 책이라면 교양과 지적만족, 약은 건강과 체력회복의 효용을 기대하고 있는 것이지요. 이 의미로 보면 서비스에 대해서도 같은 말을 할 수 있습니다.

서비스는 지금까지 유형의 상품에 대해 무형성, 소멸성 등이 강조되어 유통의 대상으로서 익숙해지기 어려운 것이라 많은 사람들이 생각했었습니다(마지막 장에서 서비스에 대해 상세히 설명드리겠습니다). 그러나 그러한 인식에도 불구하고 다양한 서비스 대리점이나 유통경로가 발전한 것도 사실입니다. 서비스가 생산자로부터 인격적으로 분리해서 얻은 경우 또는 객

관화할 수 있는 경우는 보험서비스, 여행서비스, 정보처리서비스, 각종 렌탈 서비스에서 볼 수 있는 것 같이 프랜차이즈 시스템 방식의 대리점이나 중간업자의 개재로 유통경로 전개가 적극적이 되어가고 있는 것을 볼수 있습니다. 따라서 앞으로 서비스가 하는 역할이 점차 중요해 질 것이라고 예상할 수 있으며 유형의 상품에 비해 서비스의 유통방법에는 독자적인 배려가 필요함과 동시에 서비스를 둘러싼 유통에 유통경로가 중요한 역할을 한다는 것도 고려해야 하는 것입니다.

7. 고객감동

고객의 기대수준이 높아지면서 고객은 전례 없이 더욱 많은 것을 요구하고 있습니다. 그들은 역시 전에 없이 더 많은 상품 지식을 가지고 도전을 해오고 있는 것입니다. 아마 많은 고객들은 어느 점포에서 무엇을 팔고 있는지 점주와 판매원보다 더 많이 알 것입니다. 고객이 아마추어가 아니라 프로라는 말이 있을 정도니까요.

그도 그럴것이 오늘날의 소비자들은 구매정보를 탐색하여 전에 없이 많은 대안으로부터 선택을 하고 있기 때문에, 점포는 더 많은 경쟁자를 갖게 되는 겁니다. 새로운 점포들이 새로운 경쟁자로서의 강점을 가지고 항상 추격해 오고 있지만, 그들의 취급하고 있는 상품들간에 별 차이가 없는 것이 현실입니다. 결국, 고객이 언제든지 우리 점포로 들어 와서 무엇이든 구매할 수 있도록, 감명을 줄 차별적인 전략을 준비해야 하는 이유가 여기에 있습니다.

우수한 제품, 합리적이고 경쟁력 있는 가격만으로 더 이상 감동을 주지 못하게 되었습니다. 오늘날 고객은 좋고 편리한 점포, 훌륭한 상품구색, 지식을 겸비한 판매원, 좋아하지 않는 것을 반품시켜 줄 능력, 거래에 대한 감사 등 모든 것을 원합니다. 우수한 고객 서비스를 제공하는 것이야말로 막강한 경쟁자와 겨룰 수 있고, 퇴출시킬 수 있는 무기인 것입니다. 훌륭한 고객 서비스는 충성고객을 만들어 내며, 이러한 고객은 자신의 친구나 이웃에게 점포에 대한 호의적인 말을 하게되는데요, 이것을 구전광고라고 합니다. 구전광고는 사업을 성장하게 하고 사업토대를 구축시켜 줍니다. 그것은 광고보다 더욱 싸고, 더욱 쉬우며, 더욱 재미있고, 더욱 신뢰를 주어 더욱 강력하게 전달되기 때문입니다. 한 사람의 고객이 다른 한 사람을 소개하면, 소개받은 또 한 사람은 또 다른 사람을 소개하

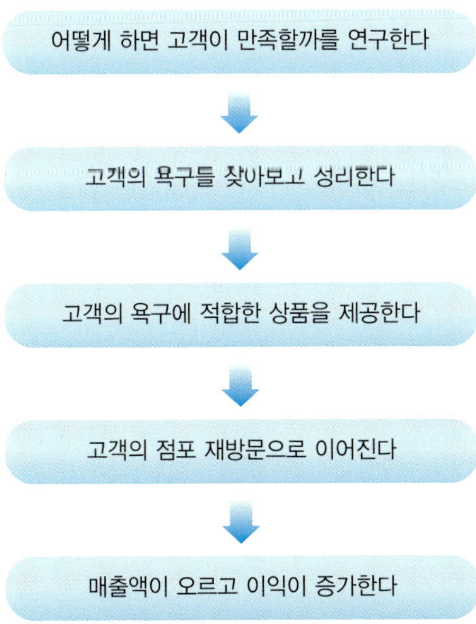

[고객에게 감동을 주는 방법]

여, 점포는 마치 행복한 대가족을 거느리는 것과 같게 된다는 원리입니다.

고객의 만족도가 높으면 높을수록 강력한 반복구매자가 됩니다. 그렇기 때문에 고객만족을 어떻게하면 높일 수 있는가 기업으로서는 중요한 선택지가 아닐 수 없는 것입니다.

이제 고객만족의 실현은 모든 기업에게 가장 커다란 테마입니다. 이를 위해 다양한 방책이 강구되고 있습니다만, 최근에는 더욱 상위개념으로서 고객감동이 요구될 정도입니다. 고객에게 만족을 줄 뿐만 아니라 감동을 불러일으켜 상품이나 서비스를 제공해서 보다 강력한 반복구매자를 만들려는 것입니다.

8. 고객 서비스 전략

고객서비스는 긍정적인 고객 관계전략을 개발하는데 중요합니다. 사업 성장은 판매전, 판매 중, 판매 후 얼마나 고품질의 서비스를 제공하려는 의지가 있느냐에 달려 있다고 해도 과언이 아닙니다.

판매 후 점포가 제공하는 다양한 서비스는 공정하게 가격이 책정되어야 하며 추가적인 고객만족을 제공해야 합니다. 이것은 고객의 마음속에 점포 이미지를 향상시켜줍니다. 고객은 자신의 지각을 토대로 소매업체의 서비스를 평가하며, 서비스에 대해 자신이 가지고 있는 기대치와 실제로 받은 서비스품질을 비교하려고 합니다. 이때, 고객은 자신이 가지고 있는 기대치 이상의 서비스를 받으면 만족 또는 감동을 하지만, 그 이하일 경우에는 불만족 또는 불평을 하는 것이지요. 소매업체는 고객서비스를 향상하기 위해 서비스에 대한 고객의 반응을 정기적으로 수집하여 서비스 개선 및 관계결속이 가능하도록 하여야 하며, 고객서비스품질을 평가하여 시의적절한 대응이 가능토록 하여야 할 필요가 점차 증가하고 있습니다. 고객서비스품질 평가에 고려해야할 항목들은 일반적으로 다음과 같습니다.

1. 쇼핑하기에 적합한 시설과 분위기를 제공한다.
2. 최신 장비를 갖춰 놓고 있다.
3. 시각적으로 보기 좋은 시설들을 배치하고 있다.
4. 단정한 옷차림과 용모로 맞이하고 있다.
5. 업무처리와 관련한 시간약속을 반드시 지킨다.
6. 고객문제에 관심을 보이고 해결해 준다.
7. 믿을 수 있는 상품과 서비스를 제공하고 있다.
8. 약속한 시간 내에 서비스를 제공하고 있다.
9. 거래의 계산과 기록을 정확하게 유지하고 있다.
10. 일 처리가 언제 가능한지를 말해 주고 있다.
11. 즉각적인 서비스를 제공하고 있다.
12. 항상 자발적으로 고객을 돕고 있다.
13. 아주 바쁠 때에도 고객요구에 신속히 대응한다.
14. 고객이 신뢰할 수 있는 직원들이다.
15. 안심하고 거래할 수 있는 안전을 확보해 놓고 있다.
16. 고객에게 예의바르고 공손하다.
17. 고객의 질문에 답변할 충분한 지식을 갖추고 있다.
18. 약속한 반품과 환불서비스는 정확히 지킨다.
19. 고객에게 개별적인 관심을 기울이고 있다.
20. 고객의 편리에 맞춰 영업시간을 운영하고 있다.
21. 고객의 이익을 진심으로 생각해 주고 있다.
22. 고객의 욕구와 필요를 이해하고 있다.

제2장

유통의 활동 영역

1. 유통의 판매와 구매에 대한 2가지 역할

원리적으로 유통은 소매업에 대한 2가지 역할이 필요합니다. 우선 하나는 생산에 대한 것으로서 생산자의 판매대리기능을 담당하고 있다고 할 수 있습니다. 유통을 전문적 또한 효율적으로 담당하는 기업을 유통업자라고 한다면 유통업자의 활동에 따라 생산자(또는 제조업자)는 유통을 그들에게 일임함으로써 효율적인 생산활동에 전념할 수 있게됩니다. 유통업자는 생산자의 제품개발이나 생산계획에 도움이 되는 정보를 제공하기도 하고 제품의 안정적인 판매창구가 되어 생산자를 지원합니다.

그러나 유통업자의 이와 같은 역할은 생산자가 스스로 행하는 이상의 성과를 올리는 것이 조건이 되며 이 조건을 채우지 못하면 생산자는 판매대리기능을 부담시키지 않고 스스로 그것을 담당하게 됩니다.

또 다른 대응은 소비에 대한 역할로서 유통업자가 소비자를 대신해서 소비자의 구매대리기능을 담당하는 것이라고 하겠습니다. 유통업자는 소비자가 필요로 하는 다양한 상품과 서비스를 국내는 물론이고 해외의 많은 생산자로부터 구입하고 때로는 자신이 생산자와 같은 자사 브랜드를 개발도 하고 제조도 하여 소비자에게 상품구색과 가격요구로 나서기도 합니다. 소비자가 유통업자를 통해 구입하는 장점을 인정한다면 유통업자의 존속과 성장이 가능해지지만, 반대로 소비자의 기대를 저버리게 되면 소비자는 스스로 소비자를 위한 모임이나 산지직송 등을 통해 직접 그 역할을 담당합니다.

이와 같이 유통의 2가지 역할은 유통이 경제과정에서 생산과 소비사이에서 이 생산과 소비를 매개로 한다는 점이 전제가 되는 한, 숙명적으로 발생하는 것이라고 할 수 있습니다.

더욱 중요한 것은 이 유통의 역할을 누가 담당하는가에 대해서는 결정되어 있는 것은 아닙니다. 만약 많은 유통기능을 전문적으로 담당하는 기업이 유통업자로서 등장했다고 해도 이들이 수행하는 기능이 생산자나 소비자 등 다른 경제주체 이상의 효율성과 유효성을 발휘하지 못한다면 사회적으로 그 존재를 인정받았다고 할 수 없습니다. 여기에는 효율성과 유효

성을 둘러싼 경쟁을 통해 경제주체 간에 항상 유통기능담당의 대체관계가 발생합니다. 따라서 유통업자는 이러한 유통기능을 가장 효율적이고 효과적으로 수행하는 전문기업을 말하는 것이며, 이런 기업의 집합(기업군)을 유통산업이라고 합니다.

2. 소매의 의의

소매는 상품을 판매하는 사업입니다. 따라서 소매업이 할 수 있는 것은 고객에게 자신의 상품을 구매하도록 하는 것입니다. 이를 위해, 소매업은 디스플레이, 위치, 광고, 촉진, 상품 등의 전략을 훌륭하게 수행하며, 합리적인 가격을 제공해야 합니다.

그러나 판매원이 고객을 무시하고 모욕을 준다면, 모든 것이 헛일이 될 것입니다. 소매업의 성공은 고객과 판매원간의 긍정적인 접촉에 달려 있다고 해도 과언이 아닙니다. 판매는 서비스를 제공하는 과업이기 때문입니다.

많은 소매업체가 저지르는 가장 큰 실수중 하나는 그저 상품을 판매한다고만 생각하는 것입니다. 점포로 오는 모든 고객은 그저 바라만 보고 있어서는 안됩니다. 그들이 좋아하는 것으로 그들에게 설득해야 할 필요가 있는 것입니다. 이를 위해 상품 판매에 앞서 추가적인 다른 어떤 것을 판매해야 합니다. 이것이 판매의 비법은 어려운 것이 아니라 다음과 같은 것을 들 수 있다.

① 판매원 자신 : 고객은 제품 구매에 앞서 우선 판매원을 판단합니다. 고객으로 하여금 판매원을 좋아할 수 있도록 느끼도록 할 필요가 있습니다. 만약 고객이 판매원을 좋아하지 않는다면 그들은 구매하지 않을 것입니다. 고객이 판매원을 좋아하도록 하는 가장 적절한 방법은 친절입니다. 친절이야말로 판매원의 자산이라고 하겠습니다.

② 점포 : 고객은 어떤 상품을 구매하기 전에 점포에 대해 확신을 가져야 합니다. 만약 자신의 점포에 대해 부정적인 것을 말한다면 고객들은 판매원이 아무리 좋다고 해도 결코 구매하지 않습니다. 점포 자체가 상품이기 때문입니다.

③ 즐거운 경험 : 고객이 점포에서 스스로 즐기도록 만들어야 합니다. 만약 그들이 즐겁지 않으면 그들은 어떤 것도 구매하지 않을 것입니다. 그들은 판매원을 좋아할 수 있고 점포를 좋아할 수 있지만 그들이 즐겁지 못한 경험을 갖는다면 미래에 그들과의 거래기회를 상실하게 될 것입니다.

④ 분위기 : 고객은 감정에 의해 구매합니다. 감정을 유발시키는 것은 바로 점포 분위기입니다. 점포 분위기는 구매자의 구매효율을 높이는 특별한 정서적 효과를 창출하기

위해서 구매환경을 디자인하는 노력의 결과라고 하겠습니다. 점포 분위기에 중요한 영향을 미치는 변수에는 점포의 시설, 배치, 조명, 색채, 혼잡도 등이 있습니다.

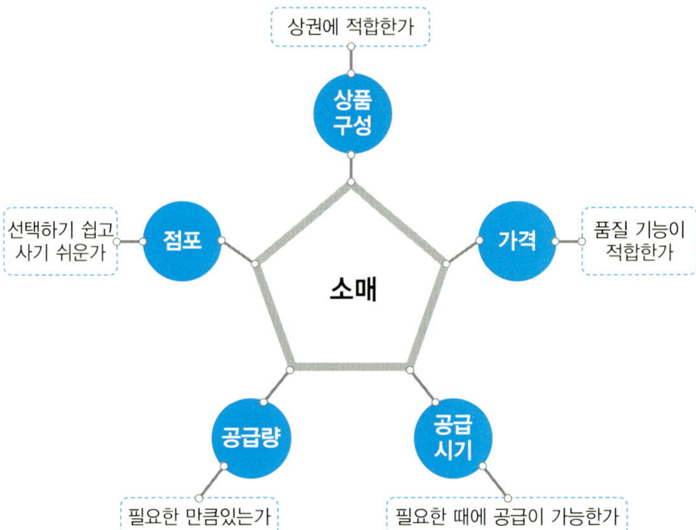

[소매업의 포지셔닝]

3. AIDCA에 의한 판매 분석

소비자는 통상적으로 제품 및 서비스 구매과정에 심리적 단계를 경험하게 된다고 합니다. 그러나 소비자가 모든 구매 상황에서 전체의 단계를 거치는 것은 아니며, 경우에 따라 몇몇 단계가 생략되기도 합니다. 이를 다음 5단계로 설명할 수 있는데 ① 주의(attention), ② 관심(interest), ③ 욕구(desire), ④ 확신(conviction), ⑤ 행동(action)이 있습니다. 머리글자를 표현해서 AIDCA라고 합니다.

① 주의 : 첫 번째 심리적인 단계로서 판매를 위해 제공된 제품 및 서비스에 대해 유망한 고객이 주목하거나 주의를 끌게 될 때 나타납니다.

② 관심 : 고객이 제품 또는 서비스에 계속해서 주의를 하여 관심과 호기심이 유발될 때 흥미단계에 이르게 됩니다.

③ 욕망 : 욕망은 고객이 제품 및 서비스를 갖지 못함으로써 무엇인가 결핍감을 느끼게 될 때 유발됩니다.

④ 확신 : 확신은 제품 및 서비스에 대한 욕망이 커져서 나타납니다. 유망한 고객이 실제로 제품을 구매하기보다는 제품을 구매함으로써 더 많은 것을 얻을 것이라고 믿는 단계입니다.

⑤ 행동 : 고객이 구매 준비가 되어 있는 단계입니다.

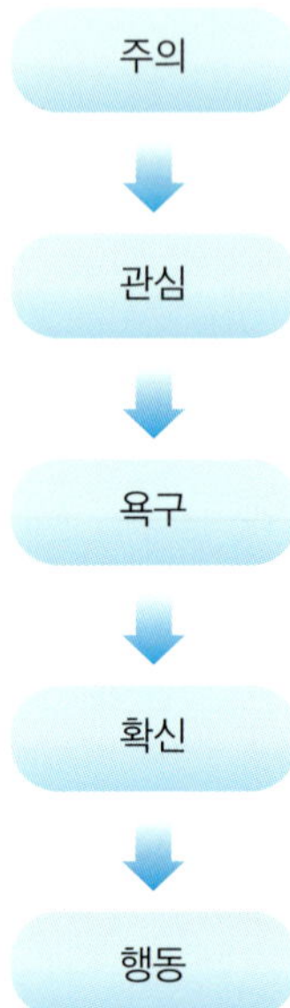

[소비자의 심리적 단계]

추가적으로 "구매 후 만족" 단계가 최종의 단계로 거론되기도 합니다. 만족은 구매 자체, 획득된 상품, 또는 고객에게 만족한 점포 또는 판매원에 의하여 즐거움 또는 흡족해하는 느낌을 말합니다. 고객이 만족하면, 재구매를 하게 되고 결과적으로 점포충성도는 향상되는 것입니다.

4. 욕구 5단계 이론

매슬로우(Maslow)는 일반적인 인간의 욕구계층 구조를 이용하여, 다섯 가지의 기초적인 인간의 욕구를 개념화하였는데, 이 이론에 의하면 다음과 같은 기본 가정을 하고 있습니다.

- 가장 낮은 계층의 욕구로부터 가장 높은 계층의 욕구에 이르는 계층을 형성하고 있다.
- 이미 충족된 욕구는 더 이상 동기부여되지 않는다.
- 저차욕구에서 고차욕구로 진행되어 간다.

① 생리적 욕구 : 욕구계층구조 이론에서, 첫 번째의 욕구로 생물학적 삶을 유지하기 위해 필요한 욕구를 말합니다. 음식, 물, 공기, 주택, 의복 등으로 구성되며, 이 욕구들이 충족되지 못할 때 이 욕구가 우세하게 되는 것이지요. 예컨대 위험스러울 정도로 굶주린 사람에게는 음식물을 제외하고는 다른 어떠한 것도 관심을 끌지 못한는 것입니다.

② 안전의 욕구 : 생리적 욕구가 충족된 후에, 안전의 욕구가 개인 행동을 유도하는 동기가 됩니다. 여기에는 인

간의 생명과 환경에 대한 질서, 안전, 건강, 지식 등과 같은 확실한 요인들로 구성되는데요, 사회복지 프로그램, 저축, 보험, 교육 등은 안전의 욕구를 충족시켜 주는 수단들입니다.

③ 사회적 욕구 : 안전의 욕구가 충족된 후 추구되는 욕구로 사랑, 애정, 소속감 등과 같은 욕구로 구성됩니다. 애정의 욕구라고도 하며 선물, 동호회 모임, 모방구매는 사회적 욕구의 표현이기도 합니다.

④ 존경의 욕구 : 사회적 욕구의 다음 계층의 욕구로, 다른 사람으로부터의 존경, 자기 존중에 대한 욕구 등이 포함됩니다. 자신은 타인에게 어떻게 보여지는지에 관심을

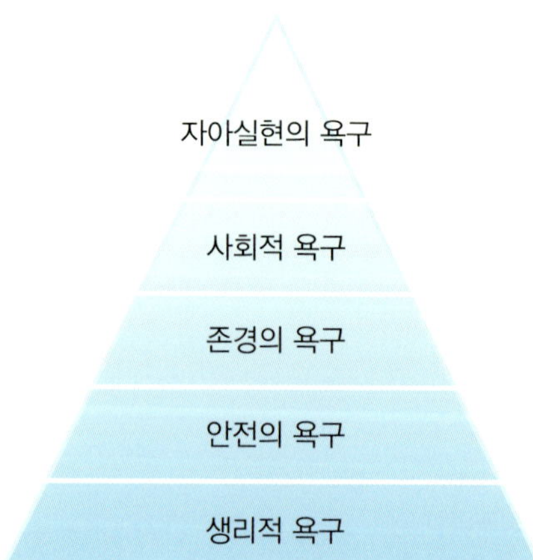

[인간의 욕구]

가지며 고급승용차, 보석, 패션의류 등은 존경의 욕구를 충족시켜 주는 수단들입니다.

⑤ 자아실현의 욕구 : 가장 최상의 욕구로서 개인의 능력과 기술 그리고 잠재력을 최대한 실현시키고자 하는 욕구입니다. 이 욕구의 충족을 위해서는 물질적 요소보다 종교, 봉사, 기증 등 정신적 요소에 중점을 둡니다.

5. 유통의 기능을 더 배워봅시다

앞의 설명에서 유통의 기능을 인격적 통일기능, 장소적 통일기능 그리고 시간적 통일기능 등 3가지를 설명 드렸는데요, 여기서는 나머지 5가지를 더 설명 드리겠습니다. 이렇게 하면 유통의 기능이 총8개가 됩니다.

① 양적통일기능 : 상품의 생산과 소비의 수량은 항상 일치하는 것이 아닙니다. 현대 사회는 일반적으로 대량생산이 이루어지고 그 제품을 소비하는 사람은 반드시 대량이 아니라 소량의 수요자, 소비자인 경우가 많아 수량 상으로 부적합이 일어나 생산자가 판매하는 수량과 소비자가 구매하는 수량은 일치하지 않습니다. 즉 수량적인 격차가 있기 때문에 적합이 필요합니다. 농산물과 같이 소규모 생산자가 각지에 분산되어 있는 경우에는 수량적 불일치를 조정하기 위해 한번 수집해서 다시 분할합니다.

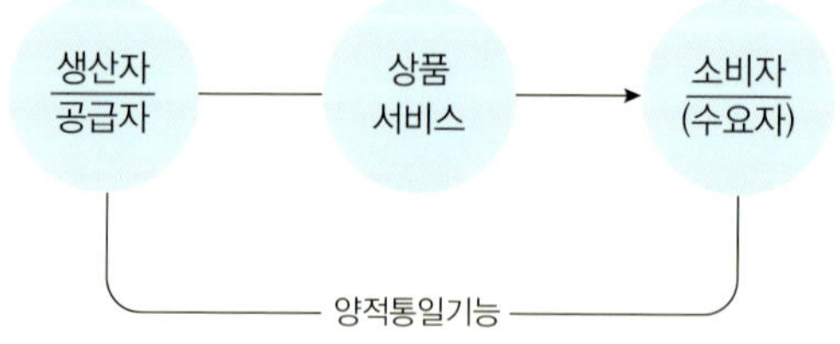

• 소규모생산(소량생산)—대규모소비(대량소비)

농수산물 및 원재료 등은 소규모로 지역적·분산적으로 생산되어 수집된 다음 대량화를 거쳐 집중적으로 원재료로서 사용·소비됩니다. 주로 대규모 공업의 경영은 원재료를 대량·집중적으로 수집할 필요가 있습니다.

• 대규모생산(대량생산)—소규모소비(소량소비)

대규모생산(경영)이 대량으로 생산한 것을 도매상이나 소매상을 통해 가정에 판매하는 것은 소량이기 때문에 수량적으로 분할하여 적합화해야 합니다. 일반적으로 최종 소비자는 가정입니다. 이와 같이 생산자가 공급하는 상품과 소비자가 수요하는 상품의 수량을 분할 조정하는 역할을 갖게 되는겁니다.

• 대규모생산(대량생산)—대규모소비(대량소비)

광산물, 임산물 및 원료품의 대부분은 공장생산이기 때문에 대량수요(메이커)의 요청에 대비할 필요가 있습니다.

• 소규모생산(소량생산)—소규모소비(소량소비)

상품의 생산이 소규모이고 또한 소비도 소량인 경우에 적합한 것이라고 하겠지만, 상품의 시장범위가 확대되면 수집·분산을 통해 소비자의 소비단위에 수량이 적합해야 할 필요가 있다. 즉 도매시장을 말한다.

② 품질적통일기능 : 생산된 상품은 반드시 품종, 품질특성, 형태, 포장, 스타일, 컬러, 기타 소비자의 수요와 일치하는 것만 있는 것은 아닙니다. 예를 들면 농산물의 경우는 자연 조건에 따라 그 품질이 좌우되기 때문에 소비자의 필요에 적합하도록 일정한 표준기준을 정해놓고 선별하고 등급을 정할 필요가 있습니다. 즉 상품구성, 등급이 이에 해당합니다. 일정한 상품의 품질, 형태, 크기 등을 상품으로서 가장 적당한 표준형을 설정하고 균일화시키는 것이 상품의 표준화(standardization)라고 합니다.

③ 금융적기능 : 상품의 생산과 소비와의 사이에 경제적 격차를 조정하고 사회적 유통을 원활하게 하는 유통기능을 수행하기 위해서는 상업자본이 필요합니다. 이를 위해서는 자금조달이 필요합니다. 상품 및 서비스의 소유권이전을 하고 그 상업기능의 수행을 위해서는 대가로서의 화폐는 상품의 유통과는 반대 방향으로 흐릅니다. 이와 같이 생산자로부터 소비자에게 상품 및 서비스의 유통활동을 이루기 위한 것이 상업금융입니다. 이 금융기능은 생산자, 유통기관, 소비자를 위한 금융으로 나눌 수 있습니다. 상품은 생산자로부터 소비자를 향해 인격적으로 이전되고 화폐는 소비자로부터 생산자를 향해 이동합니다.

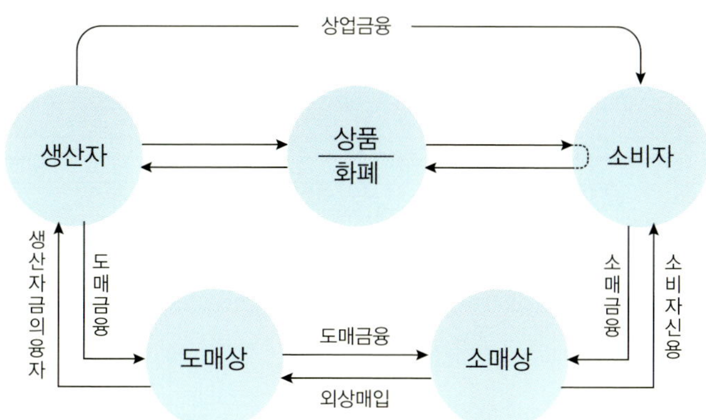

최근은 메이커의 직영점이나 소매점을 통해 직접 소비자에게 신용을 공여하기도 하고 특약판매점이나 월부판매회사를 통해 간접적으로 소비자에게 신용을 공여하기도 합니다. 상업활동의 원활한 수행에 기여하는 소비자금융은 자동차 등 특정 상품을 구입하는 소비자에게 은행이 돈을 빌려주거나 그 대금을 일시적으로 납부해주기도 하고 소비자에게 신용범위를 부여해 그 범위내에서 자유로이 구입할 수가 있는 역할을 하고 있다. 그리고 일정기간 후에 그 금액을 반제하는 방식과 업자가 발행하는 신용카드도 소비자 금융의 일종입니다.

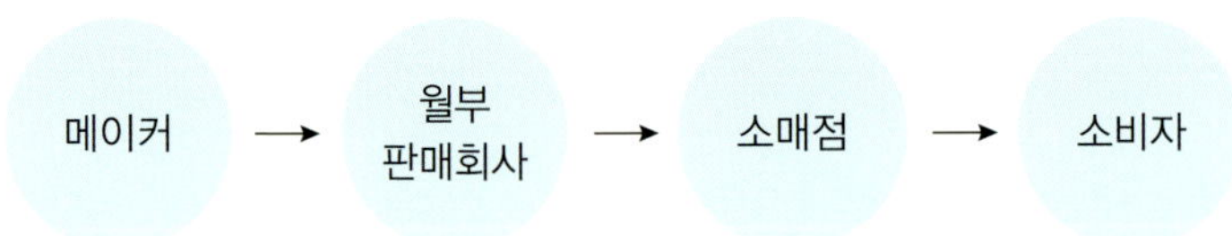

④ 위험부담기능 : 상품이 생산자로부터 소비자에게 유통되는 과정에서 물질적 위험이나 경제적 위험이 파생됩니다. 이러한 위험은 유통기관이 부담하기 때문에 이것을 위험부담기능이라고 합니다. 이러한 위험을 유통기관이 부담하고 적극적으로 위험부담을 방지함으로서 상품의 생산 및 소비의 원활한 유통을 촉진합니다. 유통자본은

그것이 화폐자본의 형태인 경우 및 상품자본으로써 생산자로부터 소비자에게 이전하는 경우에 위험과 만나게 됩니다. 이것은 신용거래에 따른 위험이며 부도의 위험 등에 의한 금융자본의 위험인 것입니다.

물질적 위험(물리적 위험)이란 상품의 유통과정에서 생기는 천재지변, 풍수해, 화재, 도난, 홍수, 부패, 상품의 파손 등에 의한 상품의 물리적·화학적 변화가 생기는 상품의 품질저하 등이 있습니다. 또한 경제적 위험이란 가격변동에 따른 것으로 시황의 변동, 경쟁조건의 변화, 법률상의 변화 등으로 상품의 가격 변동에 의한 것, 그리고 신용거래에 의한 파산 및 부도 등에 의한 금융자본의 위험입니다.

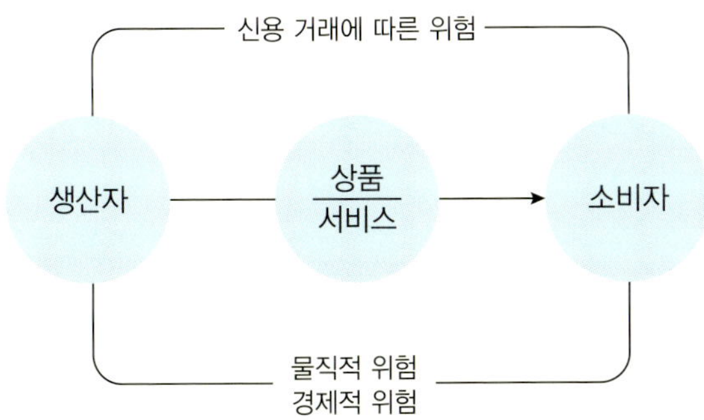

⑤ 시장정보기능 : 메이커가 직접 소비자와 거래하는 경우에는 비용이 막대하게 소요되고 시간 및 장소에 무리가 뒤따르기는 해도 가능한 한 메이커는 소비자와 직접 거래하여 유통코스트 삭감을 추진하려고 합니다. 특히 메이커는 자본참여나 경영자문, 지도 등의 방법으로 도매상 및 소매상을 계열화하며 조직화하고 있습니다. 각 시장에서 생산재의 수요분석, 측정을 하는데는 비교적 용이하지만 소비재의 경우는 소비자가 각 지역에 분산되어 있고 인구, 소득, 구매습관, 성별 그리고 기타 요인에 따라 전혀 다른 측정과 분석이 필요합니다. 이러한 요인을 통계학적인 수법으로 정리하여 단일 시장지수나 종합시장지수를 작성함으로써 시장분석이 가능해 지는 것입니다. 따라서 유통활동의 기본적 전략을 제공하는 시장정보를 수집하고 분석, 처리, 해석하여 정확한 의사결정에 도움이 되는 장치가 강구되어야 합니다.

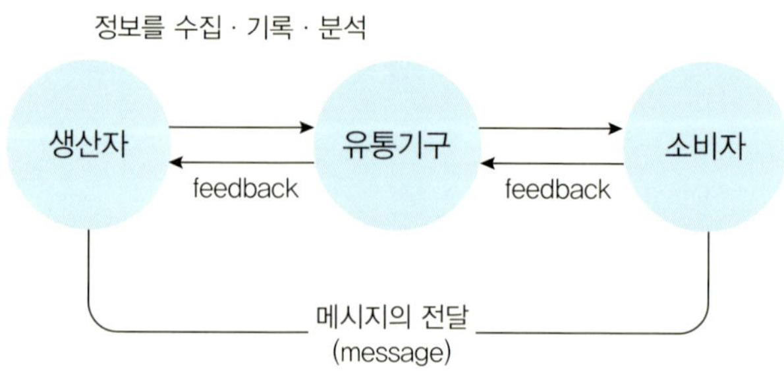

6. 유통활동의 평가에 대한 2가지 척도

가격요인과 편익성 요인으로 구분

유통활동의 성과는 어떠한 척도나 기준으로 평가할 수 있는 것일까요. 예를 들면 우리는 어떤 상품을 구매할 때 이용한 소매점과 이 소매점에서 구매한 상품에 대해 좋다, 나쁘다를 경험적으로 판단하고 있습니다. 이 근거는 평가하는 사람에 따라 다양하지만 이와 같은 경험적 판단의 근거를 정리하기 위해 여기에 2가지 판단기준을 제시해 보면 다음과 같습니다.

우선 우리가 가장 공통적으로 관심을 갖기 쉬운 평가의 척도가 가격입니다. 일반적으로 소비자는 유통활동의 가격 또는 점포에서의 상품이나 서비스의 판매가격에 대해 엄격한 비교를 합니다. 같은 내용의 유통활동이나 상품이라면 가능한 한 가격이 낮은 쪽을 소비자는 원할 겁니다. 같은 내용의 같은 제품에 관한 유통활동 또는 같은 품질의 재료를 취급하는 도매업자가 다수 존재한다면 이 가운데서도 가격을 내릴 수 있는 업자와 거래함으로서 예산을 유효하게 활용하려고 할 것입니다. 소비자도 한정된 소득으로 같은 내용의 상품을 사려한다면 가능한 한 저가로 판매하는 소매점을 선택하게 되겠지요. 유통비용이 줄어들면 기업은 이익증대효과가 파생되고 소비자는 소득증대효과를 볼 수 있습니다. 유통합리화나 근대화에 따른 유통비용 삭감을 요구하는 것도 바로 이 이유 때문입니다.

가격 이외에 일반적으로 소비자가 일상적으로 체험하는 판단기준으로 쉬운 예를 들어봅시다. 어느 소매점이 제공하는 편의성, 쾌적성, 또는 즐거움이라는 편익성을 주는 척도가 있습니다. 이 편익성이라는 척도는 꽤 복잡한 내용이 포함되어 있기 때문에 반드시 한마디로 정의를 내리기는 어렵습니다. 그러나 우리가 점포를 이용한다든지 상품을 구입할 때 반드시 가격과 금액이 저렴하기 때문에 찾는 것이 아니라 다른 곳 보다 비싸더라도 구매의 편리함이나 분위기가 좋다든지 또는 정보가치에 매료되어 어느 특정한 점포에서 상품을 사는 경우도 있습니다. 유통활동을 가격 요소만으로 판단해서는 안 되는 이유가 이것입니다.

특히 시장의 근대화나 활성화의 초점이 개별점포 뿐 아니라 시장전체를 보고 이 편익의 충실을 어떻게 만들어갈 것인가가 중요해 지며 거래를 활성화시키는데도 커다란 테마가 되는 것이다. 편익이라는 척도를 실현시키기 위해서는 사실 높은 비용이 소요되기 쉽습니다. 또한 이와 같은 편익에 관련된 기준은 표현의 타당성 여부를 떠나 기업간 거래에서도 다소 높은 가격이 설정되어 있더라도 호혜 원칙에 따른 거래, 안정적인 품질 유지와 상품구성의 종합화 등의 이유 때문에 이용되기도 합니다.

7. 업종과 업태

소매업은 실제 많은 분류방법이 있으며 여러가지 관점으로의 분류가 가능합니다. 그러나 가장 대표적인 분류방법은 업종과 업태에 의한 방법이라고 할 수 있습니다.

업종은 주로 무엇을 판매하고 있는가를 기준으로 분류한 것으로 과일을 파는 가게를 청과물가게, 돼지고기나 소고기를 팔고 있는 곳을 정육점이라는 식으로 분류합니다. 이에 비해 업태는 어떠한 판매방법을 택하고 있는가를 기준으로 한 분류방법입니다. 24시간 영업하고 편리함으로 고객에게 접근하고 있는 편의점, 대량매입과 현금매입으로 저가격판매를 지향하고 있는 할인점 등의 분류방법입니다.

과거에는 업종을 갖고 충분히 장사할 수 있었습니다만, 소비자의 욕구가 다양화되고 판매경쟁이 격렬해진 요즘 같은 시대는 단순히 상품을 진열해 놓고 판매하는 방법을 통용되지 않습니다. 무엇인가 새로운 부가가치를 더하지 않으면 구입하지 않습니다.

이런 연유로 업태라는 의미가 등장하게 된 것입니다. 도시에서는 심야에도 활동하고 있는 사람들을 타깃으로 심야영업, 분위기를 중시하는 소비자를 타깃으로 다목적 공간이 있는 점포 등 다양한 형태의 점포가 등장하고 있습니다.

그리고 같은 상품을 판매한다고 해도 판매방법에 따라 매출에 차이가 있습니다. 무엇을 판매할 것인가에서 어떠한 판매방법으로 판매할 것인가의 시대로 전환된 것입니다. 앞으로도 소비자 욕구의 변화에 따라 새로운 업태가 등장할 것입니다.

이와 같이 새로운 업태의 점포가 만들어내는 것을 업태개발이라고 하며 각 기업이 업태개발경쟁을 하고 있는 것입니다. 그리고 각 소매업의 특징을 다음 장에서 설명드리도록 하겠습니다.

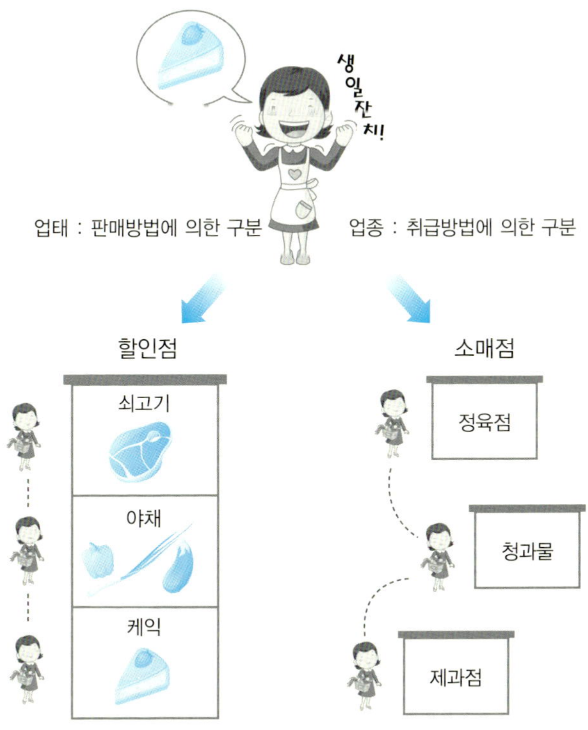

8. 공급업체의 관리

소매업체와 공급업체는 각각 별도의 목표를 가진 독립조직입니다. 독립된 조직으로써, 각기 자사의 이익에 초점을 맞춰 행동하는 경향이 있으므로, 전체 목표의 달성보다는 부분적인 목표달성에 그치거나, 전체목표달성에 저해하는 행동을 하여, 두 업체간에 갈등이 발생하게 되기도 합니다. 공통의 목표를 효과적으로 달성하기 위해서는 두 조직의 활동이 조정되고 협력체제의 구축이 필요합니다.

소매업체와 공급업체와의 관계는 이익이라는 파이를 나누는 동업자 관계에 기초를 두어야 합니다. 경쟁적 우위를 창출하는 전략적 파트너십 관계를 개발하기 위해서, 소매업체와 공급업체는 상호의 이익에 공헌할 수 있는 장기적 사업 관계를 구축해야 하는 것입니다. 파트너십은 다른 기업에 대한 전략적 우위를 제공해 주기 때문에, 전략적 파트너십은 승-승 관계라고 할 수 있습니다. 전략적 파트너십은 뚜렷하지 않은 상호간의 이해관계를 명확하게 하기도 합니다. 전략적 파트너십의 참여자는 서로에게 깊이 의존하며, 신뢰하는 것이지요. 그들은 목표를 공유하고, 정해진 목표를 수행하기 위한 방법에 동의합니다. 위험을 감수하며, 중요한 정보를 공유하기도 합니다.

그리고 관계유지를 위해서 투자를 하기도 합니다. 파이의 크기가 커졌기 때문에 각자는 혜택을 갖게 되는 것입니다.

전략적 파트너십의 유지는 상호 신뢰, 개방적 커뮤니케이션, 공동의 목표, 확고한 결속 등에 의해서 이루어집니다. 거래에 초점을 두는 판매위주의 판촉 개념에서 벗어나, 경제적·기술적·사회적 관계 강화를 통하여 서로를 깊이 이해하고 고객과의 장기적인 유대관계를 강화하는 것에 초점을 두는 방향으로 소매상과 공급업체와의 상호관계가 정립되어야 하는 것은 당연하다고 하겠습니다.

제3장

조직화된 유통 업태

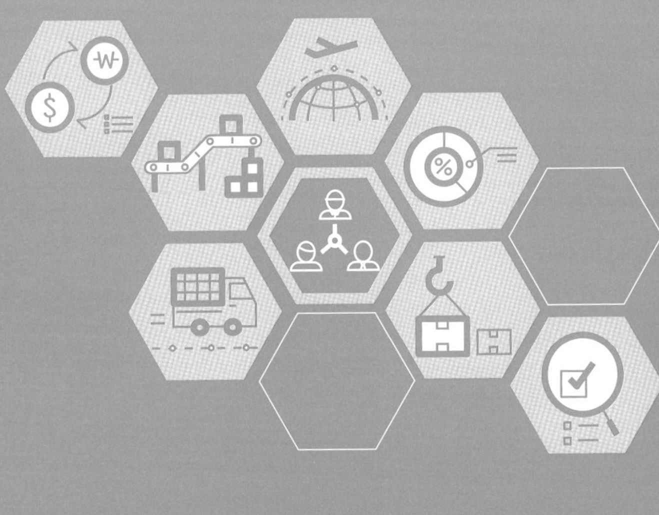

1. 백화점

백화점은 의식주와 관련된 다종다양한 상품을 부문별로 판매하고 있는 대규모 소매점입니다. 여러 가지 상품이 풍부하게 진열되어 있기 때문에 백화점에 가면 한 곳에서 일괄구매가 가능하다는 편리함이 매력입니다. 이와 같이 다양한 상품을 한 곳에서 일괄적으로 살 수 있다는 것을 원스톱 쇼핑이라고 합니다.

■ 백화점의 특징

백화점의 특징을 요약하면 다음과 같습니다.

① 다종다양한 상품 및 서비스를 취급하고 풍부한 상품구색으로 고객의 욕구에 부응하고 있습니다. 특히 의류품은 소비자의 니즈를 파악한 판매전략을 세우는 패션 코디네이터도 있어서 고객에게 구매상 편의를 제공합니다.

② 각 상품군이 전문화되어 있으며 대면판매를 중심으로 원 스톱 쇼핑을 제공하고 고객에게 만족을 줍니다. 또한 점내에 전문점인 숍인숍(shop in shop)을 설치하여 고객에게 편의를 제공하기도 합니다.

③ 스토어 로열티를 유지하면서 정가판매나 통신판매를 실

시하여 고객 신용도가 높습니다.

④ 대규모 경영이며 규모의 경제성을 도모하고 그 경영은 집중적 경영이기 때문에 점포는 주로 대도시 중심, 부도심, 철도의 환승역 근처에 위치하기 때문에 입지조건이 뛰어납니다.

⑤ 풍부한 자금력, 인적자원, 거대한 점포로 부문적 자원을 유효하게 활용하고 있습니다.

⑥ 고객에 대해 정찰판매, 현금판매, 소비자신용, 반품자유 등으로 신뢰감을 주기때문에 신용도가 비교적 높습니다.

⑦ 독립채산제에 따른 합리적인 부문별 조직으로 집합적 경영을 합니다.

⑧ 각종 서비스기능의 강화, 확대를 도모하고 정보를 제공하며 고객의 욕구에 부응해왔습니다. 그러나 점포 건설비, 시설설비에 막대한 자본이 투하되고 게다가 경상비 지출이 많습니다. 또한 대규모경영에 결격으로서 획일적 경영이 되어 고객의 욕구에 즉시 대응하는 탄력적인 운영이 어렵고 점원의 접객태도도 기계적이 되어 고객과의 친밀감이 결여되기 때문에 전문점에 미치지 못하는 서비스를 하고 있는 측면도 있습니다.

백화점은 대규모 경영의 특징을 활용하여 소비자가 찾는 편의품, 선매품, 전문품과 고급품에 이르기까지 다종류의 상품을 구성해서 소비자에게 구매를 환기시키는 흡인력을 갖고 있으므로 복합쇼핑몰 등을 통해 새로운 업태를 창출하는 노력을 하고 있는 것입니다. 특히 독창적인 상품을 만들어 고객을 흡인하는 판매촉진 방법도 있습니다. 인구의 도시집중, 교외주택지로부터 도심에 접근하는 교통기관의 발달, 소비자 가처분소득의 상승에 따른 구매력의 증가와 고급품 수요의 일반화 등 사회경제적인 환경 변화에 대응하여 백화점이 상권의 확대와 유통기관으로서의 역할의 인식이 더욱 필요할 것입니다.

2. 레귤러 체인

소매점포 집단으로서 중앙집권적인 소유관계 및 경영은 중앙집중관리

레귤러 체인은 각 도시의 번화한 지구에 점포를 개설하고, 상품을 본부에서 일괄적으로 매입하여 필요에 따라 각 점포에 공급하는 방식의 대규모 소매점을 말합니다. 본사의 통제하에 있는 소매점 조직이며 매입 등은 본부기구가 담당하는 연쇄점입니다. 각 점포의 경영은 중앙본부의 소유와 통제로 통일적으로 이루어지며 각 점포의 설계, 진열, 광고, 서비스 및 경영관리 하에 다수의 소매점포가 판매활동을 합니다.

즉, 중앙본부를 이루는 1개의 회사가 존재하고 그 자본소유와 관리통제 하에 다수의 점포가 이 통제를 받는 것을 말합니다.

이러한 점포형태를 레귤러 체인, 즉, 체인스토어이라고 하는데 그 특징은 대규모 소매점과 보통소매점의 특징을 결합한 것에 있습니다.

① 중앙본부의 지배와 통제 하에 모든 점포는 관리통제를 받습니다. 즉 다수의 점포가 단일기업체로 통합됩니다.

② 상품의 본부집중관리로 각지의 중심부에 상품창고가 설치되고 각 점포의 보관량은 최소한도로 해서 상품회전율을 높입니다.

③ 다수의 점포를 소비자 거주지에 배치하고 구매상 편의를 제공합니다.

④ 현금정찰 판매와 고객에 대한 상품 무배송을 원칙으로 판매경비를 절약합니다.

⑤ 취급상품은 주로 편의품이 중심이며 상품의 매입은 일괄적으로 중앙본부에서 하며 할인 등의 서비스를 받아 저가격에 제공합니다.

말하자면 체인점은 매입, 경영관리는 대규모 경영의 장점을 활용하고 판매는 소규모 소매점의 이점을 활용한 것이 특징이라 할 수 있습니다.

그러나 각 점포에 우수한 점장 등을 찾기가 어렵고 취급상품도 일정 한계가 있는 편의품이며 특정 선매품과 일부 전문품으로 한정되기 때문에 표준화된 제품이 취급된다는 점이 문제가 되기도 합니다. 또한 각 점포의 지역성을 충분히 살린 상

레귤러 체인

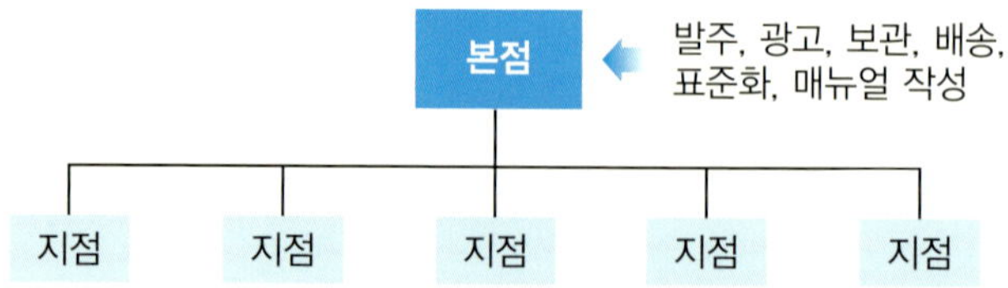

[단일 자본에 의한 결합]

품구성이 어려운 측면도 있고 점원과의 대면판매가 부족해 신뢰감이 적기도 합니다.

체인스토어는 일반적으로 보면 이상적인 소매경영형태이며 대부분의 단위점포는 그 개선방법으로서 체인점 형태를 택하기도 합니다. 우리나라 할인점도 이 형태를 닮았습니다.

3. 대형마트

할인점이라고 하는 대형마트는 유통구조의 합리화를 통해 저가로 상품을 판매하는 업태로서 일반적으로 소매점에서 거래되는 통상적인 시중가격보다 저렴한 가격으로 상품을 판매하는 대규모 점포를 말합니다.

대형마트의 특징은 대량구매, 대량진열, 저마진, 고회전, 셀프서비스, 최저투자 등 생산, 유통, 판매 구조를 합리화시켜 저가로 판매한다는 점입니다. 대형마트는 업태의 포지셔닝상 저가 다품목으로 원스톱 쇼핑을 추구하는 형태로서 소비자들에 대해 폭넓은 상품구색을 통한 원스톱 쇼핑의 편리함과 저가구매의 니즈를 만족시키는 업태 컨셉으로 백화점과는 다품목을 동일하나 저가판매라는 점에서 차이가 있습니다.

IMF 외환위기를 거치면서 급성장한 대형마트는 합리적인 소비문화 확산에 큰 역할을 했던 점은 이미 잘 알려져 있습니다. 대형마트는 유통, 제조업간 역학관계를 근본적으로 뒤흔들면서 가격결정권이 제조업체에서 유통업체로 넘어오는데 기여했습니다. 여기에 중간 도매상을 거치지 않는 직거래가 일반화되고 물건값이 내려가면서 유통단계 축소로 생긴 마진은 소비자 혜택으로 돌아간 것입니다.

2002년까지만 해도 유통업계의 선두주자는 백화점이었습니다. 신세계 유통산업연구소는 2002년 백화점 매출을 대형마트의 매출과 같은 19조 8천억원으로 추산했으며, 롯데쇼핑 유통연구소는 2002년 백화점의 매출을 19조원으로, 할인점은 19조원2천억원이라고 밝혔습니다. 2002년에는 백화점과 대형마트의 규모가 엇비슷했지만 2003년부터는 대형마트가 백화점을 제치고 독주를 하고 있습니다. 이에 따라 지금도 백화점과 대형마트 간에 유통업계 주도권을 잡기 위한 '색깔경쟁'이 치열해지고 있습니다. 대형마트는 저렴한 가격을 무기로 내세워 마케팅에 나서고, 백화점은 다양한 가격대의 제품 판매보다는 명품 등 고급품 위주의 판촉활동을 강화하고 있는 것을 독자들로 익히 알고계실 겁니다.

■ 대형마트 성장배경과 고객속성의 변화

소비자 니즈의 변화와 기업형 유통시장 확대가 대형마트 고성장의 주요 배경입니다. 수요측면의 요인으로는 핵가족화, 자동차와 대형냉장고의 보급, 서구식 라이프스타일의 정착, 합리적 소비패턴 확산 등을 들 수 있으며, 공급측면에서는 외국계 대형 할인업체들의 국내 진출과 국내 대기업의 다점포화 추진으로 인한 기업형 유통시장의 확대 등의 요인이 작용했다고 볼 수 있습니다. 기타 환경적 요인으로 신도시 개발에 따른 상권 발달, 정부의 대규모 점포출점 관련 규제 완화 등도 있습니다.

또한 대형마트의 경쟁양상이 가격경쟁에서 비가격 경쟁으로 확대되면서 전통적으로 제품가격의 할인을 주요 경쟁력 요소로 내세워온 대형마트도 최근 들어 다양한 상품구색, 편리한 매장구조, 교통 및 입지, 매장 분위기, 다양한 편의시설 등 비가격 경쟁력 요소의 중요성을 인식하고 있습니다. 비가격 경쟁력 요소 중 고객편의 서비스 시설이 핵심적인 요소로 부각되면서 실제 이러한 고객편의 서비스 시설은 상품가격, 상품품질, 서비스에 대한 지각에 긍정적으로 작용하여 소비자의 구매행동을 촉진하고 있습니다.

4. 기업형 슈퍼마켓

잘 팔리는 상품위주의 셀프서비스 슈퍼슈퍼마켓(SSM, Super-SuperMarket)

기업형 슈퍼마켓으로 불리는 것으로, 대형마트보다 작고 일반 동네 슈퍼마켓보다 큰 유통매장을 지칭합니다. 일반적으로는 개인 점포를 제외한 대기업 계열 슈퍼마켓을 말합니다. 즉, 대규모 할인점과 동네 슈퍼마켓 중간 크기의 식료품 중심 유통 매장으로, 할인점이 수요를 흡수하지 못하는 소규모 틈새시장을 공략 대상으로 삼는다.

SSM은 할인점에 비해 부지 소요 면적이 작고 출점 비용이 적게 들며 소규모 상권에도 입지가 가능해 차세대 유통업태로 각광받으면서 그 수가 급증했습니다. 또한 대형마트와 달리 주거지에 가까이 위치하고, 영세슈퍼에 비해 다양한 품목을 취급한다는 점 때문에 그 수가 증가하면서, 전통시장과 동네슈퍼의 고사라는 부작용을 일으키기도 했습니다. 점포를 최대한 활용하여 신선식품을 중심으로 일상생활에 생활에 없어서는 안될 상품을 다양하게 구비해 놓고 판매하는 셀프서비스 방식의 업태입니다. 우리나라는 GS슈퍼, 홈플러스 익스프레스, 롯데슈퍼, 이마트-애브리데이 등이 있습니다.

5. 프랜차이즈 시스템

우리나라에서 프랜차이즈 유통 시스템을 프랜차이즈 체인 혹은 체인점이라고 부르고 있는데 이것은 체인스토어 내지는 볼룬터리 체인과 같은 명칭으로 사용하면서, 이것과 일단 구별한다는 이유, 혹은 체인이라는 명칭이 비교적 우리에게 익숙하다는 이유도 있고, 다른 한편으로 일본에서 사용되는 프랜차이즈 체인이라는 명칭을 그대로 차용한 이유도 있는 것 같습니다. 그러나 미국에서는 프랜차이즈 체인이라는 용어는 거의 사용하지 않고 있으며, 오히려 현대적인 유통시스템의 하나로서 인식하고 프랜차이즈 시스템, 프랜차이즈 비즈니스, 프랜차이징 등이 가장 일반적인 명칭으로 사용되고 있습니다.

'프랜차이즈(franchise)'는 프랑스어 franc와 francher에 어원을 두고 있으며, '자유를 주다' 라는 의미를 갖고 있습니다. 비즈니스에 있어서 프랜차이즈라고 하면 본부와 가맹점 간에 계약에 의한 일종의 상호협력 시스템을 의미합니다.

우리나라 공정거래 위원회에서 '가맹사업자(franchisor)가 다수의 가맹계약자(franchisee)에게 자기의 상표, 상호, 서비스표, 휘장(영업표지) 등을 사용하여 자기와 동일한 이미지로 상품판매, 용역제공 등 일정한 영업활동을 하도록 하고 그에 따른 각종 영업의 지원 및 통제를 하며, 가맹계약자는 가맹사업자로부터 부여받은 권리 및 영업상 지원의 대가로 일정한 경제적 이익을 지급하는 계속적인 거래관계'라고 정의하여 고시하고 있습니다.

즉 프랜차이즈란 가맹본부는 가맹점과의 계약에 의해 일정 지역 내에서의 독점적 영업권을 부여하는 동시에 상품이나 광고, 인테리어, 서비스, 교육, 경영지도, 판촉지원 등 경영전반에 관한 노하우를 제공하고 가맹점은 본부의 명성과 부여받은 권리를 이용하여 독자적으로 사업을 영위하는 대신 가맹비, 로열티 등의 형태로 일정한 비용을 지불하는 형태의 비즈니스 시스템이라고 할 수 있습니다. 이 때 상호, 상표, 노하우 등을 제공하는 자를 프랜차이저(franchisor, 가맹본부)라 하고, 프렌차이저로부터 권리를 부여받은 자를 프랜차이지(franchisee, 가맹점주)라고 합니다.

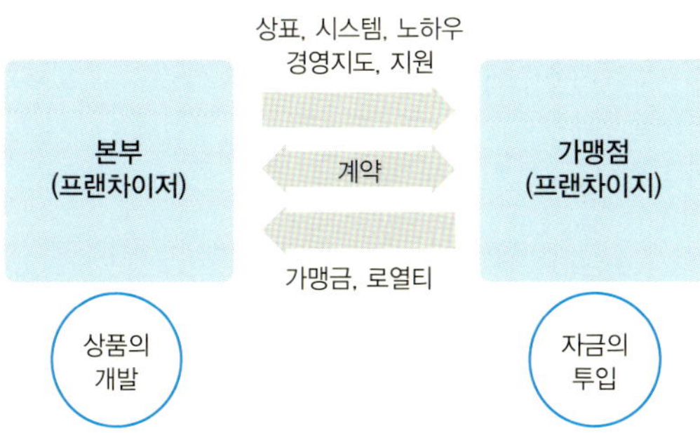

6. 프랜차이즈 시스템의 장점과 단점

프랜차이즈 시스템은 주목받고 있는 경영시스템이지만 모든 사업이 성공할 수 있는 꿈의 시스템은 아닙니다. 본부와 가맹점 양측에 장점도 있고 이에 따른 단점도 있다. 다만 잘 활용하면 장점이 더 많다는 것일뿐입니다. 프랜차이즈 시스템을 활용해서 비즈니스를 하고 싶다면 이러한 점을 충분히 인식할 필요가 있습니다.

〈가맹본부의 장점과 단점〉

장 점	단 점
• 자본력이 적은 기업이라도 타인의 경영자원을 활용하기 때문에 많은 금액이나 인재를 필요로 하지 않으며 빠른 속도의 점포 확산 가능 • 가맹점포의 판매의욕 유지 가능 • 가맹점이 보유하는 지역 네트워크 활용 가능 • 점명, 점포디자인, 상품구성, 판매방법의 통일로 소비자에게 판매효과나 높은 신뢰도를 기대할 수 있다. • 가맹금이나 로열티를 징수함으로서 안정된 경영이 가능	• 영업정책이나 시스템을 기동력 있게 변경하지 못한다. • 경쟁력 있는 노하우나 시스템의 유지, 신규개발이 필요하며 이를 위한 자금이나 인재의 투입이 필요하다. • 본부의 영업정책이 지역특성에 대응하지 못하는 경우도 있다. • 일부 가맹점의 문제 발생으로 인해 전체 이미지가 저하될 수도 있다. • 성장이 부진한 점포가 발생한 경우 이를 위한 경비와 인력이 필요하다.

〈가맹점의 장점과 단점〉

장 점	단 점
• 독자적으로 개업하는 것 보다 위험성이 낮다. • 사업경험이 없어도 경영이 가능 • 체인의 지명도나 좋은 이미지를 활용할 수 있다. • 비교적 적은 자본으로 개업할 수 있다. • 가맹점은 자기 점포의 경영활동에 전념할 수 있다. • 안정적으로 원재료 및 재료를 공급받을 수 있고, 가격 메리트에 의한 경쟁력 발휘 가능 • 환경변화에 적응한 사업경영 가능	• 본부의 평판 여부에 따라 가맹점의 업적이 좌우된다. • 표준화된 시스템이기 때문에 점포의 독창성을 발휘하지 못한다. • 가맹점의 의견이 전달되기 어려운 시스템이다. • 본부에 의존함으로서 경영노력이나 판매노력이 나태해진다. • 가맹금이나 로열티가 필요 • 계약해지 후에 그때까지 영업실적을 활용한 사업을 하지 못하는 경우가 많다.

7. 볼룬터리 체인

볼룬터리 체인은 임의연쇄점이라도 하며, 독립자본의 다수 소매점이 모여서 자기가 가지는 기능의 일부를 가맹본부에 위탁하여 본부를 설립하고, 많은 점포를 조직화하여 독립점포로는 얻을 수 없는 매출액이나 수익을 획득하고자 하는 시스템을 말합니다. 즉, 볼룬터리 체인은 소규모로써 동일한 상품을 취급하는 소매점이 공동매입이라든가 공동광고나 보관, 포장지, 공동훈련 등 연쇄점의 기능을 받아들인 것을 말하며 독립형태를 유지하고 탈퇴도 비교적 자유롭습니다. 그러나 문제점

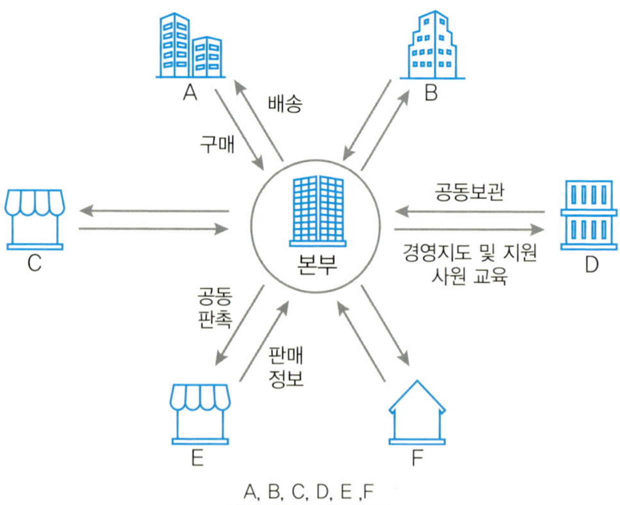

A, B, C, D, E ,F
가맹점은 독립적이고
가격설정이나 상품구성 등이 자유롭다

이 없는 것은 아닙니다. 즉 규모의 이익이나 분업의 이익을 향수하지 못하며 체인사업비율이 낮고 매입집중율 및 가맹점의 의식도 여전히 낮다는 점 등이 그 이유가 됩니다.

8. 편의점

편의점은 1950년대 이후 미국에서 발달했습니다. 쇼핑센터의 증대에 의해 원 스톱 쇼핑이 가능해졌지만 대형점포의 틈새를 메우는 상권확대, 소비자 생활양식의 변화에 적응하면서 소비자의 욕구나 필요를 만족시키기 위해 탄생한 것입니다. 편의점은 소비자에게 편의를 주는 제일주의를 목적으로 운영됨과 동시에 경영관리 측면에서는 효율성을 추구하는 소매업입니다. 즉 식료품, 가공식품, 일용잡화 등 편의품과 일용품인 생활필수품 중심의 편의품을 소품종, 다량판매를 하면서 대규모 소매점이 제공하지 못하는 편리를 고객에게 제공하는 것을 주체로 삼는 소형 슈퍼마켓 중소규모점을 말하며, 가격은 약간 비싸게 설정한 소위 편의품 전문점입니다.

영업적인 특징은 연중무휴, 24시간 영업 등 소비자의 구매시간의 편리를 보장하면서 일상생활에 필요한 최소한의 일용잡화와 편의품을 중심으로 상품구색을 갖추고 고객본위의 단가가 낮은 경영, 고객층은 젊은층을 대상으로 고객의 요구에 대응하고 있습니다. 또한 상품판매 외에도 현금서비스, 택배, 티켓예약, 전화 및 전기료 지불 등 각종 서비스 기능을 추가해서 새로운 유통시스템을 구축했다고 할 수 있습니다. 즉, 시간, 입지 및 상품의 편리성, 경제성을 추구하며 메이커, 도매점을 포함한 시스템에 의한 경영으로서 생활환경에 적합한 경영방식이라고 할 수 있습니다. 그리고 다빈도 소량배송에 의한 공동배송 시스템이나 체인시스템을 구사한 새로운 형태로써 직영 뿐만 아니라 본부가 별도 있는 프랜차이즈 체인이 보급되었고 체인방식과 셀프서비스 방식이 채택되어 급속히 확대되고 있습니다. 특히 체인조직은 중앙본부가 적극적으로 경영을 지도하고 상품회전율의 신속성, 브랜드 품목 등 상품구색을 갖추어 소비자 필요에 대응한 대형 유통센터나 정보시스템의 확립이 강화되고 있는 추세입니다.

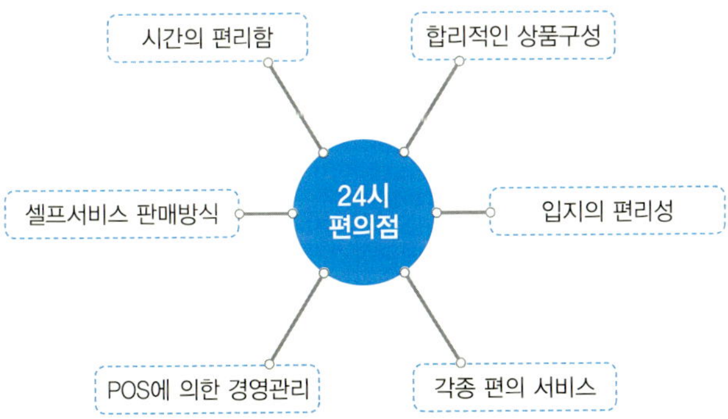

[편의점의 다양한 특성]

9. 카테고리 킬러와 아울렛

■ 카테고리 킬러

일정한 부문(카테고리)에 대해 전문품목의 구색확보와 철저한 저가판매, 최소한의 서비스 제공이 특징입니다. 지역내 최저가격을 장점으로 1,000~3,000평의 규모에 20,000~30,000품목의 상품구성을 합니다. 미국내에서는 가전제품, 카메라, 장난감, 스포츠용품 점포가 카테고리 킬러로 전환하고 있습니다. 킬러(killer)가 붙은 것은 업체들 사이의 경쟁력이 그만큼 치열하다는 뜻입니다. 세계적인 완구판매점 체인인 토이저러스가 카테고리 킬러의 원조입니다. 카테고리 킬러가 처음 등장했을 때는 완구류나 가전제품·카메라 등 특정 품목만을 위주로 형성되었으나, 특정 품목의 범위를 벗어나 이제는 업태나 업종을 가리지 않고 다양한 분야에서 널리 이용되고 있습니다.

■ 아울렛(outlet)

아울렛이란 원래 가공품 생산공장의 과잉 생산품 또는 재고품을 판매하는 공장 자체의 직영점을 의미한다고 해서 팩토리 아울렛이라고 말합니다. 대부분 공장이나 물류센터에 붙어 있어 중간 물류비와 유통단계를 생략하여 최저 가격으로 고객을 직접 상대하는 불황 극복용 매장이라고 할 수 있습니다. 또한 팩토링 아울렛이 있는데 이는 제조업체가 유통라인을 거치지 않고 직영체제로 운영하는 상설 할인매장을 말합니다. 가산디지털단지를 비롯한 수도권의 상설할인매장과 명품 아울렛 등도 요즘 우리 주변에서 볼 수 있습니다.

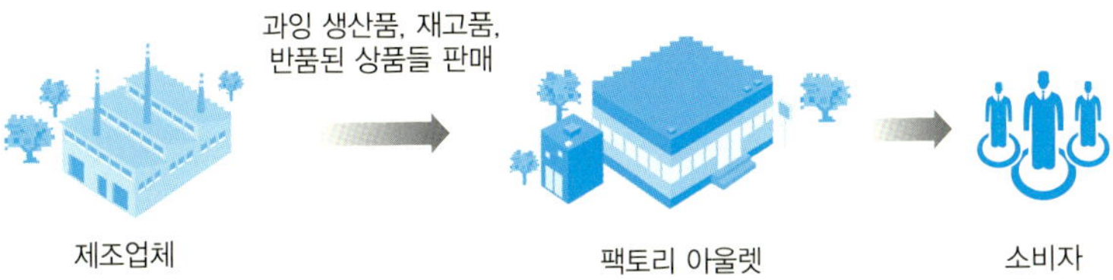

10. 통신판매점

통신판매점은 각지의 소비자(고객)에게 카탈로그·우편광고 및 기타 인쇄물을 발송한다든지 통신·교통기관 등을 이용해서 상품을 원거리 소비자에게 판매하는 대규모 소매점을 말합니다. 그리고 소비자로부터 우편, 팩스, 전화, 인터넷으로 주문을 받습니다. 백화점이나 슈퍼마켓처럼 점포가 없기 때문에 무점포판매라고도 합니다.

통신판매는 체인점이나 디스카운트 하우스와 같이 미국에서 발전했습니다. 미국에서는 도로망의 정비와 자동차의 발달에 따라 통신판매점은 점차 발달이 정체되었으나 통신판매 외에 점포를 설치하여 체인스토어 형태를 받아들여 전환에 성공했습니다. 우리 나라의 경우는 컴퓨터와 통신미디어의 발달에 따라 대형소매점, 식품업계, 이동통신업계, 신용카드 업계 및 개인사업자 등이 적극적으로 통신판매업을 하고 있습니다. 즉 카탈로그, 신문, 광고전단, DM, 인터넷 및 TV 광고 등 매체를 이용하는 통판의 특징은 다음과 같습니다.

① 통신에 의한 광범위한 거래가 이루어지고 점포시설이나 판매원 등 비용이 절약된다.

② 광고 등을 통해 소비수요의 확대를 적극적으로 시도하며 통신판매의 기본적인 프로모션인 카탈로그와 정가표를 만들어 고객의 구매를 환기시킨다.

③ 판매방법은 주문을 받고 상품 수령 후 입금하는 제도와 상품 주문과 동시에 입금하는 제도가 있으며 상품 도착 후 1주일 이내의 반품은 자유이다.

④ 대규모 통신판매점은 상품의 대량매입과 대량판매가 가능하며 메이커를 계열로 만들면 자기 브랜드에 의한 상품을 생산할 수도 있다. 대량매입으로 매입비용이 절감된다.

⑤ 거액이 소요되는 건물 등 고정자본의 투하가 적어 상품개발 등에 자금을 투하할 수 있고 상품보관 비용도 절약할 수 있다. 최근에는 직접 메이커가 배송해 준다.

⑥ 고객이 상품목록 등을 보고 필요한 상품을 선택해서 주문하는 방식이 일반적이다

이상과 같은 장점도 있으나, 아래 설명과 같은 단점도 있습니다.

① 일정한 기간상 제한은 있으나 자유로운 반품제도가 있어서 상품의 반품이 많아 경영효율이 낮다.

② 시장가격의 변동에 대응이 늦다. 카탈로그 유효기간까지 판매되므로 카탈로그 정가표에 구속받는다.

③ 취급상품이 원칙적으로 선택구매품, 전문품 등으로 제한적이다.

④ 고객과의 대면판매가 불가능해서 인적접촉이 없다.

⑤ 카탈로그 판매(catalogue retailing)가 중심이기 때문에 고객과의 충분한 상품 지식이나 특성에 관한 정보를 제공할 수 없다.

또한 통신판매업의 형태에 관해서는 취급품종 측면에서 보면, ① 단일 품종 및 수품종만으로 한정되는 것과 ② 여러 종류의 품목에 걸친 것이 있습니다.

그리고 상품의 유통경로 측면에서 보면, ① 메이커에 의한 직접판매 ② 도매업자가 소매업자를 판매대상으로 하는 것 ③ 대규모점이 메이커로부터 직접 매입하거나 자사공장에서 제조하고 상품을 소비자에게 배송하는 것 ④ 생산재 메이커가 생산공장을 대상으로 하는 것 등이 있습니다.

최근에는 통신판매만으로 운영하는 업체도 있고 겸업하고

있는 백화점도 자체 정비되고 있습니다. 카탈로그, TV, 인터넷, 신문, 잡지의 광고 등에 의해 왕성한 활동을 하고 있으며 특히 TV홈쇼핑 및 인터넷쇼핑몰의 성장은 대단한 열기입니다.

11. 인터넷 쇼핑몰

전자상거래의 일종인 인터넷 쇼핑몰의 출현으로 고객은 자신이 원하는 상품을 24시간 동안 세계 어느 곳에서든지 간편하고 신속하게 구매할 수 있게 되었다는 것을 의미합니다. 인터넷 쇼핑몰은 기존 유통의 시간적·공간적 제약을 극복함과 동시에 생산자와 소비자의 직거래를 가능하게 해주었습니다. 기업은 인터넷 쇼핑몰을 통하여 고객의 기호 및 특성을 보다 정확하게 파악할 수 있게 되었고, 이를 기반으로 다양한 고객들의 정보가 담긴 데이터베이스를 구축하여 경쟁력을 높일 수 있게 되었습니다.

인터넷 쇼핑이란 소비자가 통신 네트워크를 이용하여 인터넷에 접속, 각종 상품의 정보가 나열되어 있는 가상의 쇼핑몰에서 원하는 상품을 선택, 주문, 결제하여 원하는 장소에서 배달 받는 상거래를 말합니다. 즉, 소비자와 판매자가 직접 연결되어 전자적으로 정보를 교환하고, 제품을 주문하고, 대금을 지불하며, 상품에 따라서 실시간으로 직접 인도받을 수도 있으며, 시간도 단축되고, 지리적·공간적 제약이 제거되는 등 기존의 상점이용과 비교할 때 많은 상이점을 지니고 있습니다.

이와 같은 인터넷 쇼핑은 기업 측면에 있어서는 쇼핑몰을 통하여 중간물류 및 유통단계를 축소할 수 있고, 인적·물리적 공간자원을 감소하여 비용절감의 효과를 누릴 수 있습니다.

인터넷 쇼핑몰이란 전자상거래의 일종으로서 컴퓨터가 제공하는 가상의 공간에서 판매자가 전시한 상품을 소비자가 찾아보고, 구매하고, 이에 대한 대금을 지불하는 일련의 과정입니다. 인터넷 쇼핑몰이란 가상의 공간에서 상품과 서비스를 파는 것으로써 과거의 단순 실제거래를 지원하는 차원에서 기존 시장의 구조, 생활양식, 문화, 기업조직 등 사회구조 전반에 걸쳐 근본적인 변화를 가져오고 유통, 금융, 서비스업에도 많은 영향을 미치는 차원으로 발전하였습니다. 현재의 인터넷

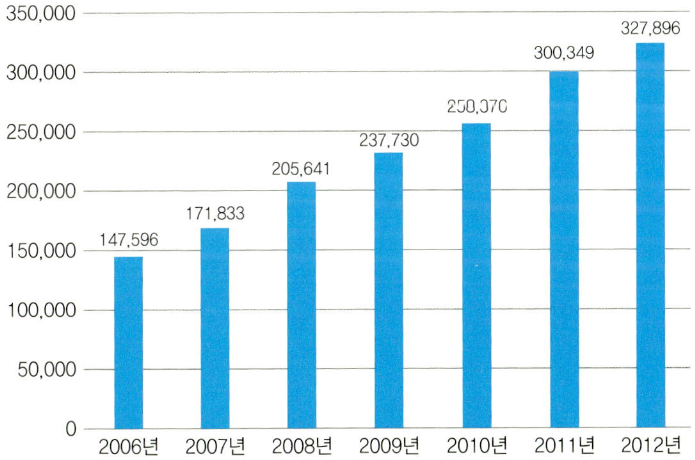

[통신판매신고업체 증가현황]

출처 : 공정거래위원회 전자거래과

쇼핑몰에서는 많은 공급자와 구매자가 존재하고 거래되고 있는 서비스와 상품이 다양하게 표준화 된 방법에 의해 제공되고 있습니다.

우리나라의 2013년 온라인몰 매출액은 전년 대비 11.4% 증가한 38조원 규모이며, 공정거래위원회 전자거래과의 자료에 의하면, 통신판매 신고업체의 수는 지속적으로 증가하고 있는 것을 볼 수 있습니다.

제4장

제 품

제품의 종류는 무수히 많습니다. 이는 제품분류의 관점 또는 기준이 그만큼 많다는 것을 의미합니다. 소비재 및 생산재에 대한 분류관점 이외에도 제품분류 기준을 새롭게 만들 수 있습니다. 예를 들면 용도(사용목적)에 따른 분류를 한다면 수많은 제품종류가 태어날 것이며 또한 소비자의 가치관이나 생활양식의 차이를 기준으로 한다면 새로운 제품분류가 가능해질지도 모릅니다.

제품분류는 각각의 분류에 속하는 제품의 개략적 성격과 유통경로와의 관계를 파악하는데 도움이 됩니다. 제품분류의 다양한 관점은 판매가격전략, 제품전략, 입지전략, 유통경로전략, 물류전략, 광고전략, 판매촉진전략 등 마케팅 전략과 중요한 관련을 갖고 있습니다. 그러나 특정 제품분류에 따른 관점이 이러한 전략면에서 결정적 영향력을 갖는 것은 아닙니다. 이와 같은 제품분류상의 관점은 대부분의 경우 복합적으로 특정 제품의 성격을 형성하고 그 제품특성 분석이 마케팅의 다양한 영역에서 전략적 방책이 되어 결실을 맺는 것입니다.

여기에서 소개하는 고객의 구매습관에 따른 분류 또는 상표고집도(또는 충성도)의 강약에 따라 분류된 상품구분—편의품, 선매품, 전문품—은 상대적인 것이며 소비자의 브랜드 선호의 강도는 개인적인 차이가 있기 때문에 특정 상품이 이

상품구분에 들어야 한다는 객관적인 입장은 존재하지 않습니다. 그러나 이 추상적 분류에 따른 상품의 일반적인 특성을 열거하는 것은 자사제품의 경쟁환경에 대한 성격을 인식하기 위한 목적에 도움이 됩니다.

1. 편의품

■ 편의품의 특성

편의품의 특성은 다음과 같이 요약할 수 있습니다. 읽어보시면 바로 이해하실 수 있으실 겁니다.

① 소비자는 그 구입에 대부분의 시간과 노력을 하려고 하지 않는다.

② 차별화 정도가 낮다. 즉 경쟁제품과 기능, 품질상의 차별이 곤란하다.

③ 판매가격이 저렴하며, 지갑이 두꺼워지면 보다 고품질, 고가격 상품으로 수요가 이동한다.

④ 소비자는 경쟁제품과의 가격비교 또는 품질비교를 통해 얻어지는 작은 이득에 고집하는 경향이 있다.

⑤ 구입빈도가 높고 또한 구매행동이 일상화되고 있으며 습관적인 경향이다.

⑥ 1회 구입양은 작지만 반복구입 빈도가 높고 대부분의 소비자가 구입하기 때문에 종합적, 장기적 구입양은 대량이다.

⑦ 소비자는 상품가격, 경우에 따라서는 품질에 정통해 있

기 때문에 강매, 설득, 사전 서비스를 그다지 필요로 하지 않는다.

⑧ 가격 및 품질이 비슷하다면 소비자는 특정 상품브랜드, 특정점포를 고집하지 않는다.

⑨ 생활에 밀착된 기초상품(생활필수품)적 성격이 있고 동일 또는 그것과 거리적으로 가까운 점포에서 구입하는 경향이 있다.

⑩ 가격이 저렴하기 때문에 소비자는 단독으로 구입의사결정을 내릴 수 있고 공동의사결정자가 필요하지 않다.

■ 편의품의 유통경로 전략

앞에서 설명한 상품특성을 고려해서 편의품 유통경로를 설계한다면 다음과 같은 방향이 바람직합니다.

① 적은 단위이고 또한 소액 수요를 광범위한 시장으로부터 집약할 필요가 있다.

② 상품의 존재가 소비자 눈에 쉽게 보이도록 최대한 상품노출을 해야 한다.

③ 광범위한 소량 수요품은 상품 품절이 일어나지 않도록 주의를 하여야 하며 유통재고를 최소한의 수준으로 유

지할 수 있도록 상품공급시스템을 개발해야 한다.

④ 소비자의 반복적 구매행동 시간대에 따른 소매업태를 설정해야 한다.

⑤ 수요가 집중하는 시장과 분산되는 시장에 대해서 각각 적합한 유통경로 및 물류시스템을 설계해야 한다.

⑥ 지역시장에 소비수요를 효율적으로 집약할 수 있는 대규모 소매업과 그렇지 않은 소규모 소매업이 포함된 경우에는 각각에 적합한 복수의 유통경로 믹스를 설계할 수 있는 가능성을 분석해 놓아야 한다.

⑦ 경쟁제품과 차별화 정도가 적은 경우에는 소매업체의 진열위치 및 카운터로부터의 거리를 고려해서 소비자에게 상품노출도를 높여야 한다.

⑧ 소량 소비수요를 양적수송 및 저장수단과 유효하게 결합할 수 있는 유통경로 시스템 및 물류 시스템을 개발해야 한다.

또한, 편의품적 성격을 갖는 제품의 유통경로는 집약적 경로가 될 수밖에 없는데 소비수요의 집중분산 정도에 따라 단계수가 다른 복수의 유통경로를 설정할 수 있는 가능성이 있다고 하겠습니다.

2. 선매품

■ 선매품의 특성

선매품은 다음과 같은 특성을 갖고 있습니다.

① 상표고집도, 즉 상표충성도가 비교적 높으며 몇 가지 브랜드 사이의 가격 — 품질(성능, 디자인) — 서비스의 비교를 통해 구입한다.

② 특정 브랜드를 필요로 하는 소비자는 어느 점포에 그 상품이 없을 경우에는 다른 점포로 구매행동을 일으킨다. 그러나 그 구매행동을 하는데 필요 이상의 노력이 요구되면 다른 브랜드를 구매한다.

③ 판매가격은 비교적 높고 가격차는 경쟁 기업간의 제품차별화, 서비스차별화, 제품세분화에 따라 일어난다.

④ 구매빈도는 비교적 적고 구매행태는 불규칙적이고 비습관적이다.

⑤ 가격지향형 선매품과 차별지향형 선매품이 있다. 가격지향형 선매품은 가령 경쟁제품에 차별이 있다고 해도 소비자의 눈에는 무차별(표준적)로 보이는 상품이며 소비자는 보다 낮은 가격을 찾아서 선택하는 상품이다. 이에

비해 차별지향형 선매품은 품질, 성능, 디자인, 서비스의 차이를 찾아내어 선택하는 상품이다.

⑥ 소비자의 상품선택은 차별이 제일 커다란 요인이고 가격은 부차적 요인인 경우가 많다.

⑦ 상품선택행동이 소비자의 즐거움 가운데 하나가 되고 있다.

■ **선매품의 유통경로전략**

매품은 앞에서 설명한 것 같이 가격지향형 선매품과 차별지향형 선매품으로 나눌 수 있는데 차별지향형 선매품은 유행지향형 선매품(fashion products)과 품질지향형 선매품으로 구분할 수 있습니다. 선매품의 유통경로는 이러한 분류와 관련하여 다음과 같이 볼 수 있습니다.

(가격지향형 선매품의 유통경로)

가격지향형 선매품은 소비자가 복수기업 제품, 또는 동일 기업제품 품목간의 가격비교를 통해 보다 저렴한 가격의 상품을 찾아 선택하는 제품입니다. 이와 같은 제품은 일류 메이커 제품과 비교해 경쟁력이 떨어진다든지 일류 브랜드 제품의 모방품이 많습니다. 유통경로 전략으로서는 다음의 점을 유의할 필요가 있습니다.

① 가격탄력성이 작은 시장보다 가격탄력성이 큰 시장을 주력 유통경로로 설계한다.
② 일류 소매기업보다 오히려 그 보다 작은 소매기업과 연결되는 유통경로를 설계한다.
③ 차별지향형 선매품과 비교하면 양산품이기 때문에 대규모 생활에 이용되는 제품이 아니므로 극도의 집약적 경로를 선택할 필요는 없다.
④ 브랜드 지명도가 낮고 고가격을 기대할 수 있는 제품이 아니므로 동일 종류의 경로수를 많이 만들고 비교적 광범위한 시장을 확보할 수 있는 유통경로를 설계한다.
⑤ 소비자입장에서 가격비교가 용이하도록 판매시설을 강구하고 품질, 성능면에서 상대적 가격특성이 판단 가능하도록 각 경로단계에서 제시할 필요가 있다.

(차별지향형 선매품의 유통경로)

A. 유행지향형 선매품

유행지향형 선매품의 수요는 품질과 성능이 아니라 스타일, 디자인, 컬러의 유행에 좌우되고 경우에 따라서는 여기에 브랜드 선호가 첨부됩니다. 유행은 장기적인 것과 단기적인 것이 있습니다. 또한 광범위한 시장에 적용되는 유행이 있으며 비교적 좁은 시장 세분화에 적용되는 유행이 있습니다.

① 유행에 영향을 받기 때문에 좁은 선택적 경로를 설정할 수 없다.

② 유행은 위로부터 아래로 또는 아래로부터 위로, 도시에서 지방으로, 소비자 계층에서 다른 소비자 계층으로 움직인다. 따라서 유행을 리드하는 부문 및 가장 유행의 영향을 받는 부문에 대해서는 가능한 한 많은 경로수를 설정한다.

③ 소비자 부문간에 유행이 이동되는 경우 판매촉진과 광고의 포인트를 유통경로별로 설정한다.

④ 유행의 주도성을 발휘할 수 있는 기업은 지역단위 시장별로 극히 소수의 소매기업과 연결되는 독점적 준·직접 경로를 설계한다.

⑤ 품종다양화가 소매기업의 고객유치 포인트가 되기 때문에 다상품라인, 다품목을 수납하고 진열할 수 있는 전문점을 유통경로에 포함시켜야 한다.

B. 품질지향형 선매품

품질·성능지향형 선매품은 일반적으로 고액이며 품질차별 지향이 강한 상품입니다. 이러한 상품은 내구소비재가 많고 판매시점의 기술 서비스나 애프터 서비스가 필요한 경우가 대부분입니다. 경우에 따라서 여기에 패션적인 요소와 브랜드 선호가 포함되기도 합니다.

① 소비자의 주요 구입지역에서 제품 노출기회를 최대한 높일 수 있는 경로를 설정한다.

② 경쟁제품, 유사품을 취급하는 백화점 및 쇼핑센터에 입지한 소매기업과 연결되는 경로를 설정한다.

③ 내셔널 브랜드성이 있는 제품은 일류 전문점을 포함한 경로의 전국망을 설계한다.

④ 판매시점에서 기술적 어드바이스, 애프터 서비스 능력을 갖는 소매기업을 선택하거나 육성한다.

⑤ 소비수요가 집중되는 시장과 분산되는 시장에 따라 유통경로 단계수 및 경로수에 차이를 두어야 한다.

⑥ 차별과점시장을 형성하고 있는 유명 브랜드는 독점적 유통경로를 설정할 가능성이 있다.

⑦ 고가격이고 품질과 성능 및 브랜드 지명도가 있는 제품

은 전방수직통합경로(메이커가 소비자로부터 멀리떨어진 도매업자, 소매업자 등을 지배하는 것)를 설정할 수 있는 기회가 있다.

선매품의 유통경로는 선택적 경로를 채택하는 것이 보통입니다. 이 형식은 집약적 성격을 나타내는 것부터 독점적 성격을 갖는 것 까지 다양성이 풍부합니다. 선매품의 경우 편의품과는 달리 광고에 의존해 소비자에게 직접 소구할 필요는 그다지 많지 않지만, 경쟁의 격화에 따라 소매기업에 대한 판매촉진상의 물적, 인적 직접적 접근은 경로설정의 중요한 요인입니다. 또한 소비수요의 집중·분산 정도나 소비자의 브랜드 선호의 강약은 유통경로수와 유통경로단계수에 커다란 영향을 미칩니다.

3. 전문품

■ 전문품의 특성

전문품의 특성은 다음과 같이 요약할 수 있습니다.

① 상표충성도가 높고 강한 브랜드 선호를 바탕으로 구입한다.

② 따라서 대체품에 대한 충성도는 현저하게 낮다.

③ 소비자는 특정 브랜드 상품을 찾아서 광범위한 구매행동을 한다.

④ 대체품의 가격 — 품질(성능, 디자인) — 서비스 비교는 하기 어렵다.

⑤ 고가격이기 때문에 구입빈도는 대단히 낮고 또한 불규칙 구입이다.

⑥ 제품에 대한 구입차별행동의 특징이 되는 것은 품질, 성능, 디자인 그 자체 보다 이러한 특성에 대한 개인적, 주관적이며 유행성이 강하다.

■ 전문품의 유통경로 전략

전문품은 소비자의 브랜드 선호가 특정 또는 제품그룹을 한정해서 구입하는 것을 말합니다. 이 분류는 소비자의 상표충성도(고집도)가 고도로 반영된 상태에서 분류한 것을 의미합니다. 특정제품의 소유가 사회적 지위, 부와 명예 등의 대상이 되고 싶어하는 소비자의식과 결합될 때의 유통경로전략에 관한 유의사항으로써 다음과 같은 것을 생각할 수 있습니다.

① 소비자의 브랜드 선호가 강하지만 그것이 특정 가치관을 바탕으로 한 것이 아니라 제품선택행동에 커다란 증감이 있을 경우 유통경로는 선매품(때에 따라서는 편의품)이 이것과 동일한 것이 된다.

② 브랜드 선호가 대단히 강한 제품이 다음과 같은 요건을 만족시킬 경우, 유통경로는 전방수직통합경로 또는 후방수직통합경로(경로지배가 최종소비자에 가장 근접한 단계에서 이루어지는 유통경로이다. 예를 들면 농산물, 가공소비재 메이커를 소매업체가 경로지배하는 것을 말한다)의 형태를 택한다.

- 통일상표(한 기업이 생산 및 판매하는 모든 제품에 붙이는 상표를 말한다)가 소비자에게 깊이 침투되어 있어야 한다.
- 개별상표(개개의 제품 라인 또는 제품 아이템의 등급 차이에 따라 붙이는 개별적인 상표)가 통일상표로 통합되어 있어야 한다.
- 통일상표 하에서 비교적 많은 제품라인과 아이템이 존재해야 한다.
- 이 상표제품의 소유가 사회적 가치관에 결합되고 또한 소비자가 이것을 인정해야 한다.
- 판매가격이 특히 고액이어야 한다.
- 유통경로에서 경쟁제품을 취급하지 않아야 한다.

4. 주요기계설비·장치와 유통경로

주요기계설비·장치는 자본재(capital goods)라고 하며 공장 또는 사업의 기본적 조업을 수행하는 것을 말합니다. 제조기업의 기계설비, 전력회사의 발전장치 등이 여기에 속한다고 하겠습니다.

이 제품의 유통측면에 따른 특성은 다음과 같습니다.

■ 주요기계설비·장치의 특성

① 완성생산재이며 다른 제품 또는 서비스의 생산을 위해 소비된다.

② 고도의 기술로 전문화된 것이며 사양은 복잡하다.

③ 판매가격이 높아 투자비가 거액에 이르기 때문에 구입한 기업의 단기자금 능력범위로는 조달이 어려운 경우가 많다.

④ 사용연수가 길고 투자회수가 장기간이다.

⑤ 제작에 많은 자금이 소요되고 제작기간도 길다.

⑥ 운전비용, 성능 및 신뢰성이 제품판매의 결정적 중요성을 갖는다. 판매가격은 이러한 요소의 충족을 기초로 결정된다. 또한 제품이 사용되는 주요생산 라인의 고장에

의한 정지는 거액의 손실발생과 연관되기 때문에 긴급 수리 서비스 체제를 갖추는 것이 판매촉진에 중요한 열쇠가 된다.

⑦ 수주생산(개별사양)방식을 채택하는 경우도 있고 규격생산(표준사양)방식을 채택하는 경우도 있다.

⑧ 수주기업이 제품의 기본적 부분의 설계, 제조사양을 결정할 능력을 갖고있는 경우, 수주가격결정상 보다 유리한 입장에 설 수 있다.

⑨ 판매에는 제품 사양 뿐만 아니라 사용원재료나 운전자의 특성, 관련 기계설비와의 결합 등, 그 제품을 둘러싼 각종 요건에 대해서도 설명할 수 있는 지식이 필요하다.

⑩ 표준규격품을 판매하는 기업은 수리용 재고 부품을 항시 준비해 놓거나 아니면 부품 교체가 필요한 경우 조달할 수 있도록 제작 체제를 갖추어 즉시 대응할 수 있어야 한다.

⑪ 어느 기계설비는 판매가격이 높고 그 구입이 자본지출의 일시적 거액화를 초래하기 때문에 일부 고객은 리스를 원하는 경우도 있다. 이러한 제품은 복수의 동종 기업에 의해 이용된다.

⑫ 주요한 판매촉진 수단은 인적촉진이다. 이것은 판로개척

이나 수주획득을 위해 실시된다.

⑬ 광고는 주요 잠재고객을 위한 제품소개와 판매요원을 지원하는 것을 주목적으로 한다. 퍼블리시티(publicity, 뉴스의 가치가 있는 기업 또는 제품(서비스)에 대한 정보를 TV, 신문, 기타 보도기관에 기사 소재로 제공하여 시간적으로 소비자와 지역사회에 소구하는 것)는 신형제품 또는 개량제품에 유효한 방법이다.

⑭ 제품의 성능 및 원가절약 능력을 고객에게 직접 이해시키기 위한 전시회, 카탈로그 배포는 광고 이상의 중요성을 갖는다.

⑮ 이러한 제품의 최종적 구매 의사결정자는 최고경영자이다.

■ 주요기계설비·장치의 유통경로전략

주요기계설비·장치의 유통경로 설정에 대해서는 다음과 같은 전략적 사고가 필요합니다.

① 제품 자체 및 그 사용상의 특성에 관한 정보가 직접 소비자에게 전달된다는 의미에서 유통경로는 직접경로 또는 여기에 근접한 간접경로를 채택하는 것이 유효하다.

② 수주규격제품의 유통경로는 원칙적으로 직접경로를, 표

준규격품은 간접경로를 채택하는 것이 유효하다.

③ 제품매매의 절충과정은 설계상, 사용상의 고도의 기술적 지식을 필요로 하기 때문에 판매자나 구매자측의 기술자가 직접 정보 및 의사교환이 가능하도록 직접경로의 설정, 또는 중간기업이 개재한다고 해도 쌍방(판매측과 구매측)의 원활한 의사소통이 이루어지는 간접경로의 설정이 필요하다.

④ 직접경로 또는 간접경로를 채용하고 있어도 소비자의 입장에서 그 제품의 사용상의 이점(기술적, 재무적 타당성)을 산정하고 설명하며 또한 이용시스템(노하우)을 설계할 수 있는 능력을 갖는 세일즈 엔지니어를 유통경로 말단에 배치하는 체제를 갖추는 것이 바람직하다.

⑤ 제품 결격 및 고장은 소비자 기업의 생산공정을 혼란시키고 막대한 손해를 끼치는 위험이기 때문에 경로 말단에 긴급 교체부품을 상비하거나 즉시 수리할 수 있는 물적, 인적체제를 확립하는 것이 필요하다. 클레임 정보나 고장정보의 직접적이고 즉시적인 파악, 수리작업을 위한 교체부품의 지급체제 및 수리 작업요원의 배치 체제는 유통경로의 설계 요소로 고려할 필요가 있는 과제이다.

⑥ 완전 수주사양제품은 소비자(구매기업측)의 의사가 반영

됨에 따라 직접경로 또는 간접경로의 채용이 결정된다.

⑦ 수주기업이 제품의 기본적 부분에 대해 우수한 독창적 설계능력을 갖추고 있는 경우, 유통경로는 직접경로를 채용하는 것이 유리하다.

⑧ 판매가격이 비교적 낮은 표준규격제품은 판매수량의 증대가 전체적인 이익총액의 증가와 관련되는 유통경로 즉 간접경로를 설정하는 것이 바람직하다.

⑨ 대형 플랜트 건설과 같이 건설 프로젝트의 일부분에 자사제품이 충당되는 수주규모인 경우 유력한 전문중간기업이 개재하는 경우가 있다.

⑩ 표준규격제품의 리스 수요가 있다고 판단되는 경우에는 직영 리스회사 또는 외부 리스회사를 통한 간접경로를 설정할 수 있다.

⑪ 제조기업이 지닌 판매조직의 힘이 불충분해서 시장확대 또는 미경험시장에 관한 정보수집 및 판매촉진을 추진할 여력이 없는 경우에는 간접경로를 선택할 이유가 생긴다.

5. 보조설비와 유통경로

보조설비(accessory equipments)는 기본적인 조업을 보조하는 것입니다. 이러한 생산재는 유통상 다음과 같은 특성을 갖고 있습니다.

■ 보조설비의 특성

① 주요기계설비·장치에 비해 판매가격도 낮고 전문화의 정도도 그다지 높지 않다.

② 제품의 대부분은 표준사양에 의해 제작되고 제품재고가 상비되어있다.

③ 제작자의 기업명성(기업브랜드)이 판매촉진의 중요한 요소가 된다.

④ 구매기업의 구매담당자의 개인적 제품선호가 중요한 구입포인트가 되며 과거의 납품 실적이 현재의 구입에 커다란 영향을 미친다.

⑤ 구매기업의 구매담당자는 보통 중간관리자이며 대조직의 구매자라면 이러한 등급의 관리자가 최종 구매 의사결정자가 된다.

⑥ 납품의 신속성과 교체부품의 긴급 공급 체제유지가 판

매촉진을 위한 결정적 요소이다.

⑦ 구입자금이 대형인 경우에는 분할구입이 가능하다.

⑧ 제품명성 및 브랜드 선호를 높이기 위해서, 그리고 판매 요원에 대한 지원을 강화하기 위해서 광고가 유효한 수단이 된다. 광고는 주로 전문지를 이용한다.

⑨ 신형제품이나 개량제품은 특히 퍼블리시티가 유효하다.

⑩ 기타 판매촉진 수단으로 중간기업(딜러)을 위한 콘테스트, 딜러나 소비자를 위한 전시회, 설명이 실린 전단의 배포가 유익하다.

■ 보조설비의 유통경로전략

보조설비의 유통경로는 제품사양의 특수성 정도, 판매가격 수준, 생산품종의 다양성 등에 영향을 받지만 그 종류는 많지 않습니다.

① 판매가격이 비교적 높고 기업명성이 소비자에게 침투해 있는 경우에는 직접경로를 채용하는 것이 유효하다. 그러나 1회 거래로 얻을 수 있는 이익이 방문판매에 소요되는 코스트를 보충하고 남을 금액이어야 한다.

② 비교적 고가격이고 소비자의 브랜드 선호도가 높으며 또

한 다양한 품종이 갖추어져 있는 제품은 전방수직통합 경로를 이용하는 것이 좋다. 이 경우에는 자영 판매회사를 통해 제품을 판매하는 준직접경로, 또는 대리점을 통한 간접경로를 설정한다.

③ 표준사양제품이고 비교적 낮은 판매가격의 제품은 간접경로를 이용하는 것이 유효하다. 그러나 경로단계수를 최소화시켜야 한다.

④ 주요기계설비에 필요한 특수 부속설비로 사용되는 제품은 그것과 동일한 유통경로를 채택하는 것이 바람직하다.

⑤ 이러한 종류의 제품의 소비자(구입기업)1인당 판매수량은 상대적으로 소량이기 때문에 중간경로를 설치해서 양산체제로 연결시킬 필요가 있다.

6. 원료·소재와 유통경로

원료·소재는 소비재 또는 생산재의 생산에 사용되는 미가공 상태의 재화 및 준비 상태에 있는 재화를 말하며 그대로는 완성품 또는 반제품이 되지 못합니다.

원료는 천연광물자원원료, 천연생물자원원료로 크게 나눌 수 있습니다. 천연광물자원원료는 철광석, 석유, 석탄, 석회석 등을 말하며 천연생물자원원료는 양모, 쇠고기, 콩, 어류, 재목 등을 예로 들 수 있습니다. 소재는 천연자원원료에 소규모의 인위적 가공이 더해진 것을 말하는데 철강재, 알루미늄 판(봉), 목재, 나프타, 합성수지 등이 있습니다.

원료·소재는 유통상 다음과 같은 성격이 있습니다.

■ 원료·소재의 특성

① 천연광물자원원료의 추출은 통상 대규모생산으로 이루어지고 그 물류 이동도 대규모 수송이 일반적이다.

② 천연생물자원원료의 채취규모는 비교적 작으며 생산용 원료로 이용하기 위해서는 소단위 채취량을 대량수송, 생산단위로 모을 수 있는 집약적 작업을 필요로 한다.

③ 소재는 대량으로 집약된 천연원료에 인위적 가공을 한

것으로 그 경쟁구조는 동질과점형태를 나타내는 원료라도 그 유통은 이러한 것을 사용하는 목적 또는 용도에 따라 대량에서 소량에 이르기까지 물류 또는 소비단위가 형성된다.

④ 원료·소재는 일정한 횡단적 표준사양에 의해 소비자의 생산량 조건을 채울 수 있는 수준의 양적판매가 이루어진다.

⑤ 일정한 품질수준을 만족시키면 거래량은 가격 변동에 크게 영향받는다.

⑥ 천연생물자원원료의 생산은 계절성이 있기 때문에 구입은 투기적 성격을 나타내며 필연적으로 저장시설을 필요로 한다.

⑦ 경쟁에 의한 판매가격 하락과 공급의 단절을 방지하기 위해 제조기업은 경우에 따라서 원재료의 안정공급을 위해 전방수직통합의 형태를 채용하기도 한다. 천연광물자원원료는 이 공급형태의 채용이 많다.

⑧ 인적판매가 더욱 중요한 판매촉진 수단이다. 왜냐하면 원료·소재는 일정 수준의 범위에서 동질성이 있어서 가격경쟁은 경쟁기업의 추격을 불러일으켜 이익의 공동감소를 초래하기 때문이다.

7. 소모품과 유통경로

소모품은 공장용 소모품과 사무용 소모품으로 분류할 수 있습니다. 공장용 소모품은 수리용 및 보전용 기구, 공구, 윤활유 등이며 사무용 소모품은 기록용구 등을 포함합니다. 이러한 재화는 완성품 본체에 구현되는 것이 아니라 그 생산을 보조하고 관리할 목적으로 간접적으로 소비되기 때문에 간접재료라고도 합니다.

▪ 소모품의 특성

이 분류에는 많은 제품이 포함되기 때문에 한마디로 말할 수는 없지만 개괄적으로 다음과 같은 특성이 있습니다.

① 대부분의 제품은 횡단적 표준사양에 따라 제작된다든지 표준사양이 존재하지 않는 경우에도 경쟁 제품간에 현저한 품질 및 기능상의 차이가 인정되지 않는 것이 일반적이다.

② 특수사양을 갖는 제품은 그것이 보조기능 역할을 하는 대상이 되는 주요기계설비·장치의 운전 또는 주요작업의 수행에 관련되어 소비되는 것이다.

③ 가격조건에 따라서는 양적으로 구입하는 경우도 있지만 양적 구입의 이점이 적은 경우에는 소량으로 구입한다.

④ 일반적으로 가격탄력성이 작고 판매가격의 인하는 1회 거래당 판매량을 증가시키지만 고객 1회 총소비량을 증대시키는 것은 아니다.

⑤ 경쟁제품과의 대체성(代替性)을 작게하기 위해서는 미세한 차별을 강조해야 할 필요가 있지만 제작사양의 차별화는 소비자의 개별적 필요성, 편의성에 제품을 적합시켜야 가능하다. 따라서 소비량이 비교적 큰 소비자에게 적합하도록 하는 판매경로를 선택해야 하는 것이다.

⑥ 경쟁제품간 차별적 특징이 적기 때문에 대체탄력성이 크다. 이것이 판매가격을 인하하는 주요한 요인이다.

⑦ 판매의 중점은 중간기업 또는 소비자에게 인적판매촉진, 즉시납품 및 가격정책이다.

⑧ 브랜드 침투가 필요하다면 광고가 이용될 수 있지만 품질, 기능에 차이가 없다면 효과는 그다지 크지 않다. 퍼블리시티는 특히 작업능률의 비약적 증대를 불러일으키지 못한다면 이용할 필요가 없다.

⑨ 카탈로그나 설명서는 소비자에게 품목을 소개하는 것이지만 공급품목이 적은 경우에는 중간기업의 종합 카

탈로그에 실리게 되어 소비자의 직접적 인지를 얻을 수 없다.

■ 소모품의 유통경로전략

① 소모품의 품목은 대단히 많고 제작기업 1개사 만으로 이처럼 많은 품목을 직접 소비자를 상대로 취급하는 것은 불가능하며, 또한 소비자도 소모품 구입에 많은 제작기업을 상대하는 것은 불필요한 시간을 소비하는 것이 되어 필연적으로 중간기업의 개재를 필요로 한다.

② 소품종을 제작하는 기업은 중간기업이 개재하면 집약적 유통경로의 채용을 하게 된다.

③ 소비량 및 소비금액이 큰 소비자에 대해서는 그 특수 사양제품을 제작 할 능력을 갖춘 제작기업은 식섭성도를 채용할 가능성이 있다.

④ 제작기업은 특정용도 영역의 제품에 대해서 품종다양화를 도모하고 그 영역에서 전문화하는 것이 유력한 중간경로를 선택하기 위한 강력한 전략이 된다.

⑤ 제작기업 가운데 제작 제품영역이 넓고 비교적 큰 시장점유율을 갖는 기업은 부족한 제품영역을 외주제품으로 채우고 스스로 종합화하여 소비량이 많고 특수사양을

요구하는 소비자와는 직접경로, 다른 소비자에 대해서는 집약적 경로를 채용하는 경로 믹스정책을 취할 가능성이 있다.

8. 제품의 수명주기

시장에서 나타나 사라지기까지의 시간의 경과에 따른 매출액과 이익의 변화과정

구매관리를 효과적으로 하기 위해서는 상품에 대한 욕구의 흐름을 알 수 있어야 하며 이 흐름을 알 수 있게 하는 도구로 제품수명주기를 들 수 있습니다. 제품수명주기(product life cycle : PLC)는 그 제품이 출시하여 시장에서 사라지기까지의 시간의 경과에 따른 매출액과 이익의 변화과정을 의미합니다.

제품수명주기의 길이는 제품이 얼마나 시장의 욕구에 부합하느냐에 달려 있고 일반적으로 도입기, 성장기, 성숙기, 그리고 쇠퇴기의 단계로 이행하게 되며, 다음과 같은 사항을 유의해야 합니다.

- 제품은 한정된 수명을 갖는다.
- 제품 매출액은 각각 상이한 마케팅 시사점을 제공하며 단계 마다 상이하다.
- 제품으로 인한 이익은 수명주기 단계에 따라 달라진다.
- 제품은 상이한 수명주기 단계에서 상이한 전략을 요구한다.

(1) 도입기

도입기는 새롭게 개발된 제품이 시장으로 출시됨으로써 시작합니다. 도입기에 매출액 성장은 신제품을 수용하는 혁신자들이 극소수에 불과하고 기술적인 문제로 제품 수용은 다소 느립니다. 제품 개발로 초래하는 많은 비용과 제품의 시장진입에 집중적 마케팅이 요구되기 때문에 이익은 낮거나 존재하지 않습니다. 초기 시장 진입에 직접 경쟁자는 없지만 시간이 지남에 따라 경쟁자들이 진입하려 합니다.

도입기에서의 전반적인 목적은 소비자의 관심을 증가시키고 신제품 시도를 자극하는 것입니다. 어떠한 경쟁자도 존재하지 않는다면 마케팅 노력은 1차 수요 또는 새로운 제품 형태에 대

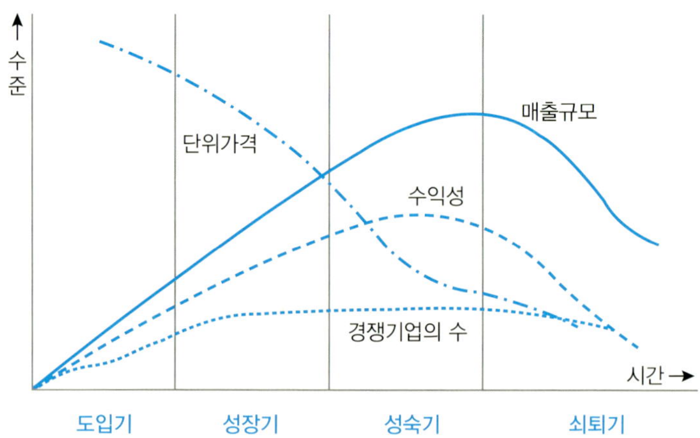

[제품의 수명주기]

한 수요를 창출하는데 초점을 두어야 합니다. 경쟁자의 브랜드가 도입되게 됨에 따라 초점은 2차 수요 또는 기업의 특정 브랜드에 대한 수요를 창출하는 것으로 이행합니다.

(2) 성장기

성장기는 매출액과 이익이 급속도로 증가하는 시기에 혁신자, 초기 수용자, 그리고 초기 다수자가 제품을 구매합니다. 이익이 잠재되어 있음을 인식함에 따라 추가 경쟁사들이 변형 제품으로 시장에 진입합니다. 진입한 경쟁사의 수와 비율이 성장기가 얼마나 지속할 것인지에 영향을 줍니다. 경쟁사가 보다 빨리 시장에 진입하여 공격적인 마케팅 전략을 할수록 짧아집니다.

제품이 성장기에 진입할 때 점포의 기본 목적은 브랜드에 대한 소비자 선호를 구축하는 것입니다.

(3) 성숙기

성숙기는 경쟁사들의 진입과 수요의 포화로 매출액 성장이 둔화되고 이익이 최고에 달하는 단계입니다. 후기 다수자들에게 제품이 수용되기 시작하기 때문에 경쟁이 격렬해지며, 시장성장이 둔화로 새로운 고객을 확보하기보다는 기존고객과

경쟁자들의 고객으로부터 매출액을 증가시키도록 하는 것이 바람직합니다.

(4) 쇠퇴기

매출액과 이익이 줄고 제품은 쇠퇴기에 진입합니다. 경쟁의 변화, 기술의 변화, 수요의 변화, 기타 대외여건의 변화로 쇠퇴기를 맞습니다.

쇠퇴기는 유지, 수확, 철수와 같은 3가지 기본 전략 대안이 가능합니다. 유지전략은 경쟁자들이 시장에서 떠남에 따라 마케팅 지원을 계속 고수하는 전략입니다. 수확전략은 가능한 쇠퇴기에 제품에 관련된 비용을 절감하기 위해 일시적으로 시장점유율을 축소하고 이익극대화에 초점을 두는 것을 말합니다. 철수전략은 제품의 생산을 완전히 중단하는 것입니다. 쇠퇴기상품은 폐기상품에 준거하여 매입관리를 합니다.

9. SPA브랜드

생산에서 유통까지 걸리는 시간을 최대한 단축한 형태의 의류전문점

과거에는 제조업체가 직영점을 개설하는 경우는 있어도, 소매업이 직영제조부문을 갖는 것은 빵집 등 소규모 전문점을 제외하면 거의 없었습니다. 그러나 1990년대에 들어서면서 기획부터 제조, 판매를 한 회사에서 해결하는 획기적인 업태의 소매업이 태어났습니다. 애초 의류업계에서 시작된 까닭에 "자사브랜드를 갖는 어패럴 소매업"이라는 머리글로 SPA(speciality retailer of private label apparel)를 의미합니다. 우리말로 표현하면 다품종 소량생산하는 자가상표부착제 유통방식이라고 할 수 있습니다. 이는 1986년 미국 청바지 회사인 갭(Gap)이 최초로 도입한 방식으로, 기존 프랜차이스 형태와 차별화되어 대형 직영점 형태로 운영됩니다.

패스트(fast)패션이라고도 하며, 업체는 트렌드가 될만한 아이템이 있다면 즉시 기획, 디자인에 들어가 생산과 유통까지 바로 진행합니다. 패션업체가 생산부터 소매·유통까지 직접 운영하는 것이다. 세계적인 SPA 브랜드로는 갭, 자라, 유니클로, 포에버21, H&M 등이 대표적 업체입니다. 현재는 의류업계나 소매업계가 아니어도 제조부터 소매까지 일괄적으로 취급하는

업태를 SPA라고도 하며, 제조소매업이라고 할 수 있습니다.

의류업계에서 SPA의 특징을 몇가지 예로 들면 다음과 같습니다. ①기획부터 생산, 유통 등 신속한 상품화입니다. 소매의 현장에서 얻은 소비자의 니즈를 신속하고 정확하에 상품에 반영시키기 위해서는 소매, 기획, 제조의 일체화가 가장 효율적입니다. ② 수요예측과 즉시대응체제입니다. 의류상품은 수명이 짧고, 잘 팔리는 상품과 안팔리는 상품의 차이가 큰것이 특징입니다. 발주부터 납품까지 소요되는 시간이 길고 수요예측를 잘못하면 과잉재고로 남습니다. 이것을 타파하는 것은 서플라이 체인을 효율적으로 관리해서 소요시간을 단축시키고 수요예측이 어긋나도 바로 회복할 수 있는 체제가 필요한 것입니다. 서플라이 체인 매니지먼트(SCM)를 사내에서 운영함으로서 이를 극복한 것이 SPA입니다. ③ 비용삭감 효과입니다. 의류상품의 제조원가는 기획관련 비율이 가장 높고 기술비용 등 인건비가 많은 비중을 차지합니다. 그러나 제조와 기획을 사내에서 하게 되면 비용을 능동적으로 관리하면서 최적지 조달이 가능합니다. 또한 기술지도를 실시하면 인건비가 낮은 국가에서 제조하는 방법도 채택할 수 있습니다. ④ 저가격화 : 의류상품은 수요예측을 하기 어렵기 때문에 재고 리스크를 미리 상정한 가격체계가 일반적입니다. 이에 비해 SPA는 제조부터 판매까지 일괄관리로 재고를 적정화시키고 리스크를 줄여서 저가격화를 실현하는 것입니다. 이러한 특징을 활용한 SPA화는 다른 산업분야에서도 가능하며 현재 일용잡화 등 편의품 분야에도 도입이 진행되고 있습니다.

10. 시장세분화와 제품차별화

시장세분화전략이란 시장을 일정한 기준으로 나누어서 하나 혹은 복수를 대상으로 타깃에 적합한 마케팅을 실시하는 것을 말합니다. 타깃마케팅이라고도 합니다. 시장세분화 전략은 다음 4가지 방법이 있습니다.

① 집중적 마케팅 : 세분화한 시장에서 하나의 타깃만 선택해서 마케팅을 집중하는 것으로서 부가가치형 제품이나 틈새제품에 적합한 전략입니다.

② 차별적 마케팅 : 각 세분화한 시장의 차이에 착목해서 각각의 니즈에 서로 다른 마케팅을 적용하는 것으로서

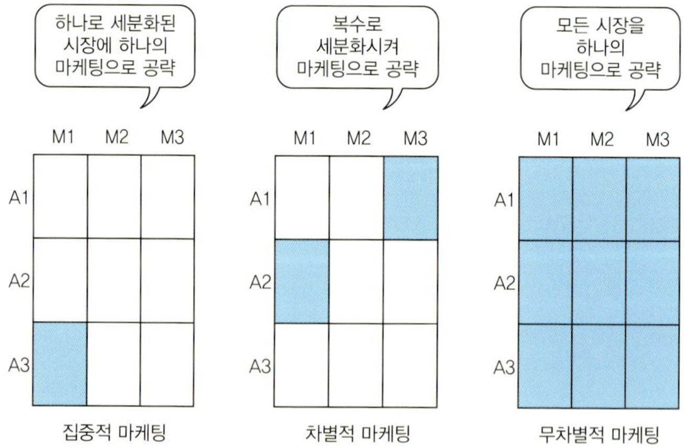

시리즈로 출시하는 제품에 적합한 전략입니다.

③ 무차별 마케팅 : 세분화의 차이점이 아니라 유사점에 착목해서 단일 마케팅을 구사하는 것입니다. 모든 사람을 고객이라고 여기는 제품에 적당한 전략입니다.

④ 일 대 일 마케팅 : 고객 한 사람 한 사람에게 서로 다른 마케팅을 적용하는 전략입니다.

제품 차별화 전략이란 자사 제품이 기능면에서 타사 제품과 차이가 없을 때, 이를 극복하려고 차별화를 내세우는 것을 말합니다. 이 가운데서 브랜드에 의한 차별화를 가장 많이 이용합니다. 구체적으로는 품질이나 디자인, 판매방법 등 타사에 없는 특징을 갖추고 브랜드가 갖는 이미지를 차별화에 활용합니다. 브랜드 이미지를 소비자가 호의적으로 받아들이면 유사품 가운데서 그 브랜드를 선택적으로 구입하게 됩니다. 강력한 브랜드 이미지로 차별화가 가능한 상품은 경쟁회사의 진입을 막아줍니다. 예를 들면 코카콜라가 대표적입니다.

■ 시장세분화와 제품차별화의 차이

시장세분화는 동일한 제품이라도 다양한 사람들이 사용하는(이질적인 시장)것을 전제로 하는 것이며, 제품차별화는 동일한 제품은 동일한 타입의 사람이 사용한다(동질적인 시장)을 전제로 합니다. 이질적인 시장을 전제로 하면 그 제품을 찾는 사람은 여러 시장에서 존재하게 되며, 어느 시장에 판매할 것인가가 중요해 집니다. 그 결과 수요측의 니즈에 맞추어서 수직적인 시장 점유율을 추구하게 되는 것입니다. 한편 동질적인 시장을 전제로 하면 소비자 타입별로 다른 제품이 필요해 집니다. 그 때문에 제품을 시리즈별로 생산한다든지, 그렇지 않으면 브랜드에 의한 차별화를 도모해서 어떻게 자사 제품을 선택하게 할 것인가가 중요해 지는 겁니다. 이 전략은 제조업체의 의도에 소비자가 따라가는 전략으로서 수평적인 시장 점유율을 추구하게 됩니다.

11. 브랜드 이미지 전략

브랜드 이미지를 구축하기 전에 브랜드가 무엇인가를 알아야 합니다. 브랜드는 경쟁자의 제품 및 서비스와 구별하기 위해 제품 및 서비스와 동일시되는 이름, 상징, 도안의 조합을 말합니다. 예를 들면 맥도널드나 롯데리아는 브랜드의 일부이면서 점포의 이름입니다. 맥도널드나 롯데리아의 로고는 그 브랜드의 일부입니다. 즉 점포 이름과 로고는 브랜드 이미지를 창출하는 것입니다.

브랜드는 고객으로 하여금 그 무엇이든 그것으로부터 연상하게 합니다. 그래서 고객이 소매점 자신, 자신의 점포, 자신의 제품에 관하여 무엇을 생각하는지 주의해야 할 필요가 있습니다. 자신의 명성은 자신의 브랜드를 구성하는 일부이기 때문입니다.

브랜드의 개념은 어느 곳의 어느 때이건 사업 지침서의 일부가 됩니다. 브랜드는 사업 그 자체이며, 하루가 다르게 경쟁이 심화되는 시장에서 생존하기 위해 자신의 점포의 이름을 개발하고 고객에게 그것을 인식시켜야 하는 것입니다. 사업을 광고할 때 브랜드 이미지는 일치되어야 합니다. 브랜드는 범람하는 정보의 홍수 속에서 길을 잃지 않도록 메시지를 단순화시켜

줍니다.

브랜드의 명성은 항상 가치 있는 것만은 아닙니다. 그러나 고객은 점포가 인식할 수 있는 브랜드를 갖고 있다고 생각하면 그곳에서 판매되고 있는 제품은 틀림없는 것으로 생각하는 경향이 있습니다. 브랜드가 매출액에 기여하는 정도는 20%나 된다고 합니다. 점포를 소비자에게 어떻게 기억시킬 것인가, 다른 점포와 어떻게 차별화할 것인가에 대한 해답을 주는 부분입니다.

구체적으로 브랜드는 소비자에게 다음과 같은 이점을 제공합니다.

- 제품의 품질에 대한 판단기준이 된다.
- 제공하는 정보에 의해 구매결정을 신속하게 하고 쇼핑을 효율적으로 하게 한다.
- 상표 이미지를 형성하게 하며 상표 이미지는 사용경험의 만족도를 높인다.

한편, 브랜드는 점포에 대해 다음과 같은 이점을 제공합니다.

- 점포이미지와 친근감을 향상시켜 준다.
- 제품이 법적 보호를 받아 경쟁점과 차별화할 수 있다.
- 호의적인 이미지의 창출로 프리미엄 가격책정이 가능하다.
- 촉진 의존도를 줄일 수 있다.
- 고객의 상표충성도를 확보하여 안정적으로 매출을 창출할 수 있다.
- 경쟁점에 대해 보호장벽으로 작용하여 경쟁우위를 구축할 수 있다.
- 주문처리, 재고관리, 매장관리 등의 문제해결을 효율적으로 할 수 있다.
- 고객과의 커뮤니케이션을 촉진시킨다.

12. 점포명의 중요성

소매업에서 소비자에게 기억을 시킬 수 있는 단서는 브랜드명과 함께 점포명 또한 중요합니다. 자신의 상표를 만들어 낼 수 있는 많은 자본을 소유한 대규모 점포만이 할 수 있는 과업은 아닙니다. 소규모 업체일수록 점포를 차별화할 수 있는 경쟁적 강점이 약하기 때문에, 점포를 어떻게 기억시킬 것인가는 중요한 것입니다. 다른 경쟁 소매업체들도 똑같이 제조업체로부터 상품을 구매하여 판매합니다. 그들은 이러한 품목들을 자신 소유의 품목으로 만들기 위해 노력하고 있습니다.

점포명은 점포 이미지의 중요한 정보 단서이기때문에 점포 이미지를 소비자의 마음속에 생생하게 환기시켜 줍니다. 점포명은 점포의 추상적인 개념, 형태, 특성, 그리고 점포이미지의 처리 관점에 기초를 두어 결정하도록 하는 것이 좋습니다.

점포명의 결정에 다음과 같은 일반적인 사항을 주의하면 좋을 것입니다.

- 소매업체가 직접 통제할 수 있는 가장 중요한 브랜드는 점포의 정문에 붙여 있는 이름이다. 간판관리에 주의하며 간판과 조화를 이루어야 한다.

- 정체성을 확립하도록 한다. 강력한 이름을 개발하는 것만으로, 그것은 점포 자체가 인식할 수 있는 브랜드가 된다. 점포의 이름이 강력할수록, 판매는 더 잘되며, 점포명은 그 점포의 모든 것을 요약한 말이다.
- 차별화시킬 수 있어야 한다.
- 기억하기 쉬워야 한다. 사람들의 인지구조는 3~4개의 글자로 이루어졌을 때 쉽게 기억할 수 있다.
- 무엇을 팔고 있는지를 알 수 있어야 한다. 팔고 있는 상품명을 점포명에 사용할 때는 그것에 포함되지 않는 제품이 있다는 것을 주의한다.
- 주의를 시킬 수 있어야 하지만, 고객의 마음을 움직일 수 있어야 한다.
- 긍정적인 이미지를 심어줄 수 있도록 한다. 긍정적인 감정을 심어줄 때 고객의 마음을 움직일 수 있다.
- 자신의 이름을 점포명으로 사용할 때는 이름에 대한 지명도를 가지고 있어야 한다.
- 잘 알 수 없는 의미의 점포명은 마음의 부담을 줄 수 있으며 고객이 기억하기도 어렵다.

13. PB상품

브랜드는 상표의 주체, 즉 상표가 경로구성원 중 누구의 책임 하에 상품을 판매할 것인가에 따라 NB(National Brand; 제조회사 상표)와 PB(Private Brand; 자사 상표 혹은 유통업체 상표)로 크게 구분됩니다.

NB는 '제조회사 상표', 즉 새로운 상품에 제조회사 자신의 브랜드명을 부착하여 판매하는 전략으로서, 제조업체 측면에서 자금력이 있고 기업조직의 관리능력이 있는 경우에 사용됩니다. NB는 전국적인 범위의 모든 시장에 유통되고 또 대부분의 소비자들에게 인지된 브랜드를 의미하므로 NB는 전국시장을 대상으로 판매하기 때문에 대량 생산하고 대중 미디어를 이용한 대량 광고를 실시합니다. 따라서 브랜드 지명도가 높고 메이커의 상품이기에 신뢰도 또한 높으며 충실한 애프터 서비스도 가능한 것입니다.

PB는 '유통업자 주도형 상표, 혹은 자사 상표', 즉 유통업자가 상표의 소유권과 판매책임을 모두 갖는 경우입니다. 현재 PB 상품은 한국내의 전 유통업계에 퍼져 많은 유통기업들이 활용하고 있습니다. 이는 유통업자와 같은 판매업자들이 제조업체에게 하청을 주어 생산된 제품에 판매업체의 상표를 부착하는 기법입니다. PB는 생산이 아닌 유통으로 경제적 행위를 영위하고 있는 조직이 소유 판매하는 제품에 부여하는 상표를 의미하고, 도·소매업자가 제조업자에게 하청을 주어 생산된 제품에 도·소매업자의 상표를 부착하는 것으로 유통업체가 자체적으로 기획 또는 개발한 상품을 뜻하며, 제조회사 브랜드(National Brand)와는 차별화된 독자적인 개념을 가지고 있습니다.

PB는 유통업체가 브랜드의 광고와 유통을 모두 관리하고 품질관리에 대한 책임도 유통업체에게 있습니다. 유통업체는 제조업체의 잉여시설을 이용하거나 저개발국가의 싼 임금을 이용하여 생산된 유통업체 브랜드 제품을 통하여 많은 이익을 올릴 수 있습니다. 그리고 유통경로 통제와 소비자의 충성도에 대한 제조업자와 유통업체간의 경쟁이 치열한 상황 하에서 잘 조직된 대규모의 유통업체는 PB를 중요한 무기로 이용할 수 있습니다.

일반적으로 PB의 특징은 첫째, NB와 비교해 볼 때, 동등한 품질이나 저렴한 가격으로 소비자들에게 소구하고 있으며, 둘째, 구매빈도와 상품 회전률이 높은 식품이나 일용잡화에서 주로 이용됩니다. 셋째, PB는 제품구매시의 대량매입이 전제가 되며, 소매점 광고의 중요도가 높은 만큼, 해당업체의 마케팅 경험이 풍부한 제품분야에 국한되어 적용되고 있습니다. 또한 품질의 변동성이 적으며, 상설시장의 과점도가 높지 않습니다. 그리고 NB 개발이 제조업체의 일방적인 마케팅 전략인 것에 비해 PB는 제조업체와 유통업체의 공동작업이라고 할 수 있습니다.

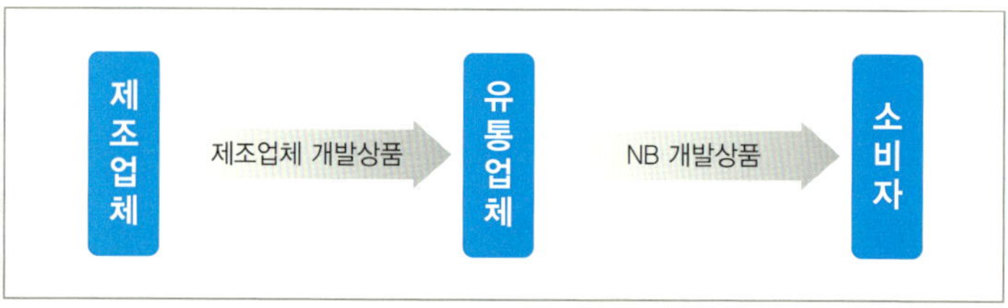

NB 상품의 개발과정

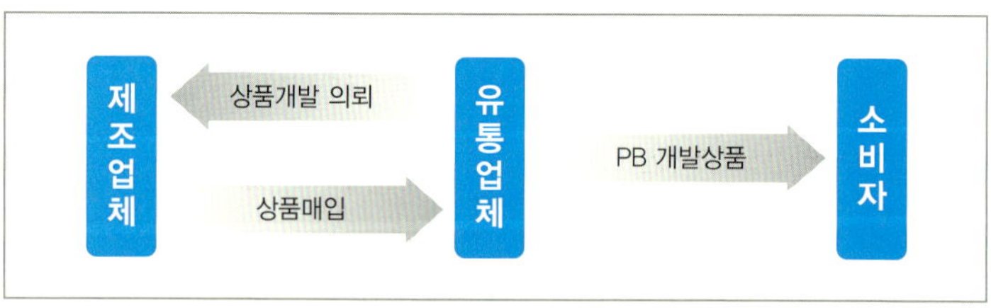

PB 상품의 개발과정

14. 소매업의 머천다이징

소매업자는 다종다양한 상품을 취급하고 상품, 업태 및 유행의 동태적 변화 속에서 대상이 되는 고객의 니즈를 만족시켜주기 위해 경영활동을 전개하는 것입니다. 이를 위해서 고객의 시장반응을 분석하고 주력상품의 상품특성을 인식하여 경쟁상대를 제압하는 효율적인 마케팅 활동의 실천이 필요합니다.

상품의 매입시기와 판매시기는 일정한 시간적인 격차가 있는 것이 보통입니다. 즉 의류와 같은 패션상품은 수개월 후의 유행을 예견한 상품발주와 매입활동이 필요하기 때문에 적절한 타이밍 전략의 중요성을 인식할 필요가 있습니다. 소위, 어떠한 상품을 매입하고 이것을 어떻게 관리하며 어떻게 판매하는 것이 최적의 이익을 얻을 수 있는 것인가에 대한 계획을 세우는 마케팅 활동이 필요한데 이것이 머천다이징(MD)입니다.

다시 말하면 매입과 판매를 연결하는 시장성 있는 상품을 창출하는 테크놀로지로서 특정한 상품이나 서비스를 기업의 마케팅 목적에 따라 가장 잘 실현할 수 있는 장소, 시기, 가격 및 수량으로 제공(마케팅)하는 것에 관한 계획과 관리라 하겠습니다. 이와 같이 머천다이징은 소매업 상품정책의 중심적인 활동이며 상품의 적절한 매입, 진열을 위한 계획활동이라고 할 수 있습니다.

머천다이징은 상품에 관한 활동이지만 일반적으로 머천다이징은 도매업자나 소매업자 등 판매업자의 활동을 의미하는 상품선정과 관리를 말하며, 제조업자의 경우에는 제품계획 그 자체라고 할 수 있습니다.

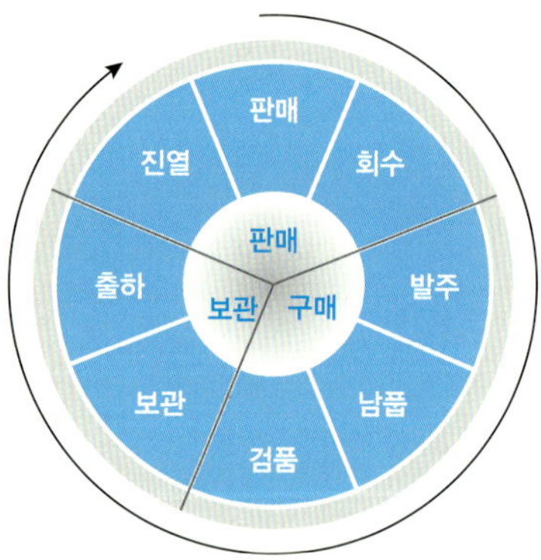

15. 셀프 서비스 소매점의 디스플레이

슈퍼마켓, 할인점 등 셀프서비스 사업은 고객으로 하여금 판매원으로부터 거의 또는 전혀 도움 없이 구매가 가능하게 하기 위해 비주얼 머천다이징을 이용합니다. 식료품 사업의 경쟁 때문에 슈퍼마켓에서 비주얼 머천다이징은 그 어느 곳보다 더욱 개발에 열을 올리고 있습니다. 전형적인 슈퍼마켓은 고객에게 7,000개 품목 이상을 팔며 고객은 점포에서 평균 26분을 보낸다고 합니다. 이것은 하나의 품목에 1초 이내의 고객의 주의를 끈다는 의미입니다. 이러한 상황에서 소매상은 자신의 상품의 디스플레이와 비주얼 머천다이징에 더욱 관심을 갖게 되는 것입니다.

(1) 구매시점 진열

셀프서비스 사업에 가장 효과적인 진열은 구매시점(POP)진열입니다. 구매시점진열은 제조업자에 의해 공급되는 소재로 만들어지며, 충동구매를 자극하기 위해 설계된 진열입니다. 구매시점 진열은 제품에 주의를 끌어들이도록 디자인된 포스터, 배경, 가격 카드, 스탠드, 선반, 원통, 기타의 장치 등이 포함됩니다. 이들은 보통 제조업자의 전국 광고 프로그램과 결합하여 고객이 TV, 잡지 또는 신문에서 보거나, 또는 라디오에서 듣는 메시지를 반복합니다.

POP 진열은 마지막 순간에 계산을 위해 기다리는 동안 충동구매를 자극하기 위해 설계되는데요, 껌, 면도날, 건전지 등과 같은 충동 품목들은 특정한 선반, 혹은 계산대 근처에서 진열됩니다. 이 위치는 고객이 계획된 구매를 완료하는 시점이어서 이러한 품목은 다른 품목에 대한 대체품목으로써 이용되기보다는 고객의 구매를 추가하게 되는 것입니다.

(2) 곤돌라

곤돌라는 움직이는 선반장치를 말합니다. 이는 섬과 같은 효과를 창출하기 위해 식료품점과 할인점에서 단독으로 사용되거나 혹은 여러 개의 곤돌라를 열을 지어 사용합니다. 곤돌라는 대량진열이 가능하고 움직이기 때문에 점포로 하여금 배치에 빠른 변화를 시도하도록 합니다. 고객은 자유로이 상품을 선택할 수 있는 장점이 있고, 이것은 전략적인 배치를 하여 이익이 많이 나는 상품이나 계절상품을 강조하기 위해 사용하거나 충동구매를 촉진하기 위해 POP광고를 붙여 넣습니다.

(3) 덤프 진열

덤프 진열은 상품을 담고 있는 큰 상자에 진열합니다. 이러한 진열은 기획상품, 라면, 과자 등 고객이 자주 구매하는 품목, 계절용품 혹은 볼펜과 같은 작고 잘 파손되지 않는 품목에 적용됩니다. 이러한 진열은 특가판매 이미지를 제시하여 고객으로 하여금 이곳으로 발길을 닿게 하고 진열된 상품을 구매하도록 자극합니다.

16. 포장

제품을 보호하고 상품가치를 높여주는 역할

소비재나 생산재를 불문하고 모든 상품이 고객에게 전달되는 경우 포장을 하게 됩니다. 특히 소비 수준의 증가와 기업간 경쟁의 심화에 따라 포장의 중요성은 더욱 강조되는데요, 포장은 단순히 제품을 보호한다는 측면 이상의 역할을 담당합니다.

일반적으로 포장을 하는 이유는 다음과 같습니다.

① 제품보호 : 원료 공급에서 최종 고객에게 전달하는 과정까지 충격, 습도, 온도, 빛, 해충 등으로부터 재화를 보호하기 위하여 포장을 하게 된다.

② 취급용이 : 사람 손에 의해 취급되든지 아니면 지게차 등과 같은 기계에 의해 취급되든지 제품은 취급이 용이해야 하므로 포장을 하게 된다. 적재시 높이 쌓을 수 있고, 규격화된 컨테이너와 트럭에 깔끔하게 내적할 수 있도록 치수, 형태별로 표준화를 통한 통합의 필요성이 제기된다.

③ 상품가치 제고 : 포장의 표면에 덧붙인 문자, 도안, 색상 등의 디자인에 의해서 재화에 대한 정보를 전달할 수 있다. 동시에 이러한 정보전달을 통해 고객에게 호감을 주어 내부의 재화를 보다 가치있는 것으로 만들 수 있다.

제5장

유통전략

1. 상시저가 판매정책

월마트의 상시 저가로 판매하는 전략에서 시작

미국 최대의 할인점인 월마트가 처음 내건 상시저가 판매정책이 EDLP(every day low price)전략입니다. 연중 가격을 항상 저렴하게 유지하는 가격파괴 전략으로서, 상시저가가 되기 위해서는 다음과 같은 조건이 요구됩니다.

- 매일 저가로 판매를 한다. 그러므로 바겐세일이나 점포 정리세일, 특별가격할인과 같은 비정규적인 저가격 판매는 상시저가라 할 수 없다.
- 유명 브랜드의 표준 상품의 품질 기준을 적용한다. 특히, 제품구색 측면에서는 유행민감 상품과 일상생활용품을 취급하는데, 제품넓이의 측면에서는 여러 다양한 제품군의 종합성을 띄는 반면, 제품군 내에서 제품깊이의 측면에서는 적은 수의 브랜드만을 취급함으로써 깊이가 얕다는 특징을 가진다.

상시저가 전략은 다음과 같은 장점이 있습니다.

- 가격전쟁의 감소 : 성공적인 가격파괴전략은 경쟁자와의 지나친 가격전쟁의 압박을 덜어주게 된다. 일단 가격이 공정하다고 느끼는 고객은 지속적으로 구매하게 되고, 보다 자주 방문하게 된다.
- 촉진비의 절감 : 소매업체는 비효과적인 광고 대신에 이미지 향상에 보다 초점을 맞출 수 있다. 가격이 자주 변화하지 않기 때문에 카탈로그의 변경주기도 길어지는 등 촉진 비용을 절약할 수 있다.
- 고객서비스의 개선 : 가격인하에 자극을 받은 대중을 상대하는 대신, 일정한 통행량의 유지로 소요인력을 정확하게 예측함으로써 판매원은 보다 많은 시간을 고객서비스에 전념할 수 있게 된다.
- 품절의 감소 및 재고관리의 개선 : 일정한 가격의 유지로 일정량의 수요를 유지하여 품절이 적어지고 재고관리가 쉽다. 품절이 적어지면, 고객만족이 향상되어, 매출이 증가된다. 안정적인 수요의 예측은 평균 재고의 감소를 통해 회전율을 향상시킨다.

- 이익의 증가 : 항상 일정한 낮은 가격의 실시로, 가격변경 비용이 감소되고, 세일 가격을 적용하는 실수가 발생하지 않기 때문에, 이익이 증가한다.

2. 가격 결정요인

다음과 같은 요인들은 가격 결정에 중요한 영향을 줍니다.

(1) 비용

제품 또는 서비스의 구매, 판매 그리고 촉진 비용은 가격 결정을 위한 최저 가격 또는 최저한도를 정하는 기준입니다. 가격은 최소한 장기간의 투자와 제품 판매를 위한 판매비용을 상회해야 할 뿐만 아니라, 점포에 충분한 수익과 이익을 제공해야 합니다. 비용은 가격 경쟁에 대응할 수 있도록 절감되어야 합니다.

(2) 고객

고객의 기대와 지불 의지는 가격 결정에 중요한 영향 요인입니다. 어떤 경우에 고객은 더 많은 혜택과 향상된 제품 특성을 얻기 위해 높은 가격으로 교환하려 합니다. 한편 최근의 경제환경은 고객으로 하여금 가치에 대한 관심을 갖게 합니다. 따라서 저가격에 고품질의 제품을 제공함으로써 가치를 강조할 수 있어야 합니다.

(3) 경쟁

경쟁점에 의해 책정된 가격과 가격 변화에 대한 경쟁점의 반응 역시 가격 결정에 영향을 줍니다. 경쟁 시장에서 성공적으로 가격을 책정한 점포는 바로 매출액 달성만이 목표가 아니라는 것을 압니다. 그들은 미래에도 이러한 매출액을 유지하기를 원합니다. 제품 및 서비스 경쟁이 매우 단순할 때 고가격을 책정합니다. 경쟁구조가 복잡할 때 가격조정능력에는 한계가 있습니다. 고가격은 한정된 수요만 유인하고 소비자들로 하여금 다른 점포로 전환하도록 하는 반면 저가격은 치열한 가격 경쟁 또는 무익한 가격 전쟁을 불러일으킵니다.

(4) 양립성

제품의 가격은 점포의 전반 목직과 양립되어야 합니다. 또한, 점포의 장기적인 이미지를 고려하여야 합니다. 호의적인

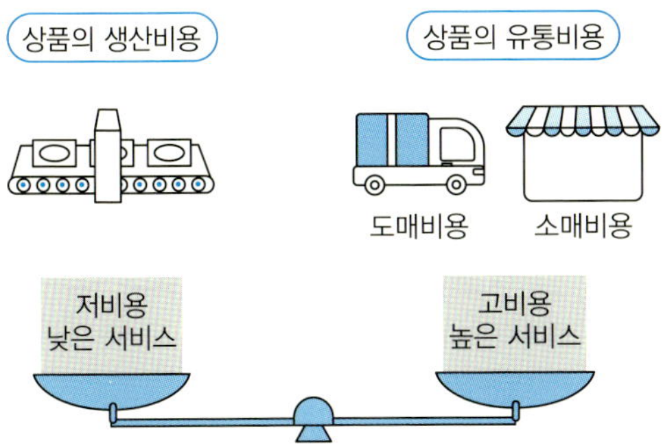

점포이미지는 더 높은 가격을 부가할 수 있게 합니다. 제품의 가격을 책정함에 있어서 점포는 역시 자사의 제품 계열내에 있는 다른 제품의 가격을 고려해야 합니다. 한 제품 또는 브랜드의 가격은 다른 제품 또는 브랜드의 매출액을 잠식하지 말아야 하는데 이는 매출액이 동일한 제품 계열내에 있는 다른 브랜드로의 구매가 이전되는 것을 의미합니다.

3. 판매촉진의 목적

고객을 직접 찾아내고 수요를 창출하는 활동

품질 좋은 상품을 넉넉히 준비하고 보기 좋게 진열하여 낮은 가격을 제시하며 서비스를 향상시키는 것만으로 판매는 이루어지지 않습니다. 고객이 스스로 찾아오기를 기다리지 말고 고객을 직접 찾아내고 적극적으로 수요를 창출하는 활동이 필요합니다. 판매촉진은 수요가 없는 상황에서 새로운 수요를 만들고 잠재된 수요를 찾아 만들어내는 판매활동입니다. 수요는 소매업체의 연구와 노력에 의해 창출될 수 있습니다. 판매촉진을 하는 과정에 소매업은 다음과 같은 수요를 고려할 수 있습니다.

- 현재 절실히 필요한 수요
- 미래에 필요한 수요
- 관계유지에 필요한 수요
- 새로운 상품으로 바꾸고 싶은 수요
- 하나 더 늘리고 싶은 수요
- 가격을 인하하면 구매할 수 있는 수요
- 외상 또는 신용으로 판매하면 구매할 수 있는 수요

소매업체는 다음과 같은 목적으로 판매촉진을 시도합니다.

- 단기적인 매출액 증진
- 고객의 신뢰도 유지 및 향상
- 점포의 새로운 이미지 창조
- 과잉재고의 신속한 처분
- 소비자에게 점포의 존재를 재인식 시킴
- 소매상의 이미지 재창조
- 제품시용의 자극
- 소비자재고와 소비의 증가
- 반복구매의 장려
- 경쟁의 완화
- 보완제품의 매출액 증가
- 충동구매의 자극
- 인간적 유대관계의 강화 및 고객유인
- 각종 촉진 테마와 수단의 통합화
- 소비자에게 쿠폰, 교환권, 주차권, 할인권, 캘린더 등 각종 사은품 지급으로 구매상 이익 환원
- 고객에게 각종 이벤트, 캠페인, 콘테스트(문화행사 포함) 등을 통한 고객만족 서비스 제공

4. 판매촉진 기법

판매를 촉진하는데 필요한 다양한 방법

(1) 가격할인

가격할인은 제품 가격을 일시적으로 할인해주는 것입니다. 소매점은 새로운 브랜드나 변형된 브랜드를 알리거나 현재 소비자들이 더 많은 구매를 하도록 하기 위해 또는 새로운 브랜드에 대한 시용을 위해 가격할인을 실시합니다. 기본적인 가격할인 유형에는 현금할인과 수량할인이 있습니다.

(2) 쿠폰

쿠폰(coupon)은 정형적으로 신문, 잡지, 우편물, 쇼핑백 등에 인쇄된 증서로써 일반적으로 정해진 특정 기간 내에 그것의 소지인에게 약속된 가격만큼 할인해 주거나 또는 특정 제품에서의 부가적인 가치를 부여하는 것입니다. 쿠폰은 소비자에게 특정 시간에 제품 가격을 할인하여 제공함으로써 소비자의 지각된 위험을 줄여 줄 수 있고 사용 후 재구매를 장려할 수 있습니다.

(3) 경연, 경품권, 게임

경연(contests)은 경기 참가자의 지식이나 기술에 바탕을 두어 상금이나 상품을 획득할 기회를 제공하는 판매촉진 활동입니다. 참가자들은 수상 자격을 확보하기 위해 특정한 문제를 처리하기 위한 기술 또는 능력을 이용해야만 합니다. 예컨대 미인선발대회, 사진콘테스트 및 의상콘테스트를 패션쇼와 함께 개최함으로써 점포와 그 점포의 상품으로 소비자의 관심을 유인하는데 효과가 있습니다.

경품권(sweepstakes)은 소비자들에게 점포에 비치된 유효한 양식을 채움으로써 특정한 부상을 받을 수 있는 선택권를 부여하는 판매촉진방법입니다.

게임(games)은 경품과 유사하지만 장기간동안 적용됩니다. 소비자가 승리를 하기 위해 계속해서 게임을 할 수 있는데 장점이 있습니다.

(4) 광고 전문용품

광고 전문용품은 유망한 소비자에게 유용하거나 관심 있는 상품에 점포명이나 전화번호 혹은 감명 깊은 메시지를 새겨 넣어 그들에게 무료로 배포됩니다. 경우에 따라 많은 비용 지출을 요하지만 통상적으로 비용이 적게 드는 품목을 선택함으로써 비용을 절감할 수 있습니다.

(5) 견본 및 시제품 제공

견본은 유망한 구매자들이 사용할 수 있도록 만들어진 소형 제품으로, 보통 무료로 제공됩니다. 견본 제공은 원형 제품의 구매에 앞서 제품 시연을 하도록 함으로써 소비자로 하여금 상품을 테스트할 기회를 제공하여 소비자의 지각 위험을 약화시킵니다.

(6) 프리미엄

프리미엄(premiums)은 소비자가 구매하도록 격려하기 위해 무상 또는 할인된 가격으로 주어지는 사은형식의 보상제도입니다. 프리미엄은 제품의 이미지를 향상하고 호감을 심어주며 고객 기반을 넓히고 신속한 판매가 이루어지도록 하기 위해 시도됩니다. 소비자에게 보상이 이루어지도록 하기 위해 포장지 내에 쿠폰 또는 구매 증거물을 오려내도록 하는 프리미엄은 소비자 충성을 자아낼 수 있습니다. 제품 속성간의 차이가 구매에 큰 영향을 주지 않는 저관여도 제품의 판매에 효과가 있습니다.

(7) 구매시점 진열

구매시점 진열도 소비자의 구매시기와 장소에 주의를 기울여 보면 소비자에게 흥미를 자극시킬 수 있는 효과가 있습니다.

5. 소매점의 광고

소매점 광고는 대부분 가격의 나열에 그치며 식료품 소매업자 사이에서 이러한 광고가 많이 이용되는 경향이 있는데, 이렇게 널리 이용되고 있음에도 불구하고 가격광고의 효율성에 대해 의문이 제기되고 있습니다. 예를 들면 광고로 인하여 단지 어느 한 시점에서 다른 시점까지의 수요를 변화시킬 것이며, 전체 매출액의 증가됨이 없이 수요는 특정 상표의 제품에서 다른 상표의 제품으로 변화되거나, 혹은 전체 수요를 증가시킴 없이 특정 경쟁점으로부터 다른 시장 점유율을 변화시킬 것인지 등입니다. 소매점 광고는 다음과 같은 장점이 있습니다.

- 인쇄매체는 기존녹자와 새로운 독사에세 광고문인에 몰입하게 한다.
- 시청자, 독자 및 청취자에게 상품의 저렴성 등 자점의 정보를 전달한다.
- 소매상은 메시지의 내용, 그림, 시기, 길이 등을 통제하고, 이상적인 메시지를 소비자층에게 전달하여 자점의 차별적 특성을 알린다.

- 인쇄매체의 메시지를 통해 반복적으로 점포나 점포에서 판매하고 있는 제품에 주의를 집중시켜 욕구를 환기시켜 준다.
- 점포나 점포의 제품에 대한 신용이 향상된다.
- 고객은 구매 전에 점포, 상품, 서비스, 분위기를 인식한다.

반면, 소매점광고는 다음과 같은 단점을 가지고 있습니다.

- 경쟁점과 메시지 획일화로 융통성이 결여된다.
- 광고는 대규모의 투자 소요로 소규모 소매상의 판촉기회를 박탈한다.
- 많은 매체를 이용하여 표적시장 외에도 광범위한 지역에 광고하여 광고비용을 증가시킨다.
- 인쇄매체는 폐기률이 높아 시간대가 나쁠 때는 계속 폐기되는 상황이 발생한다.
- 시청각매체와 시각매체의 경우 시간과 단수제한으로 대량정보를 제공할 수 없다.
- 매체에 따라서는 광고물의 게재시 많은 시간이 요구된다.

6. 구매시점(POP)광고

소매점에서 주어진 목적을 위해 게시하는 표시물

고객의 구매시점에서 행해지는 광고로 고객의 편리한 쇼핑을 위해 상품의 정보(가격, 용도, 소재, 규격, 사용법, 관리법 등)를 알려 주어 판매원을 대신하는 역할을 합니다. 또한 점내의 행사 분위기를 살려 상품판매의 최종단계까지 연결시키는 요소로서 소매업에서는 광고의 4대 매체(TV, 라디오, 신문, 잡지 등)와 더불어 제5의 광고 매체로서의 중요성을 갖습니다. POP(point of purchase)광고는 전단에 비해 구성요소가 복잡하지 않고 판매 현장에서 상품명, 가격, 소재 등 간단한 설명으로 이루어지는 순간 매체이므로 다음 몇 가지 조건에 맞아야 합니다.

- 읽기 쉽고 보기 쉬워야 한다.
- 시선을 자연스럽게 유도해야 한다.
- 소구 포인트가 명확해야 한다.
- 디자인이 아름다워야 한다.

POP 광고는 다음과 같은 역할을 수행합니다.

- 상품의 특징과 정보를 전달한다.
- 행사 분위기와 시즌 분위기를 연출한다.
- 셀프 판매를 가능케 한다.
- 광고의 효율을 높인다.

POP 광고의 기능은 다음과 같이 요약할 수 있습니다.

- 분위기 연출 기능
- 행사안내 기능
- 매장안내 기능
- 상품설명 기능
- 셀프 판매 기능

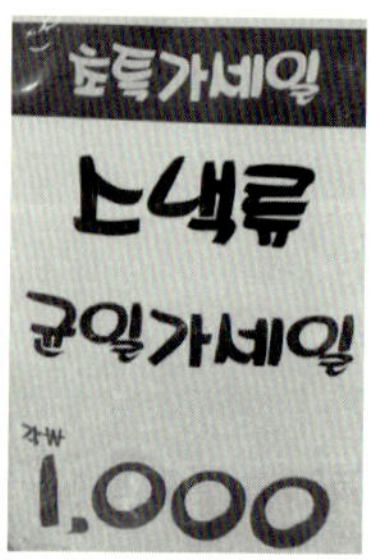

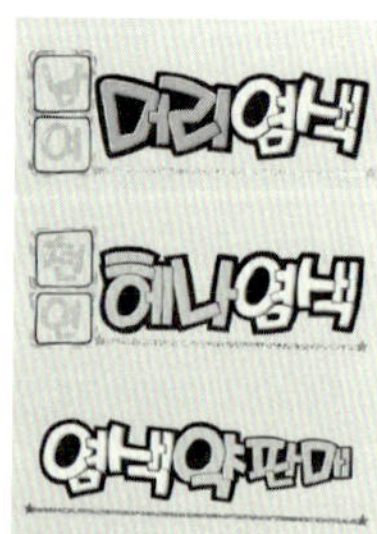

7. 도매업

도매업은 생산자와 소매업자, 생산자와 생산자의 사이에서 원활한 유통이 이루어지도록 만드는 역할을 하고 있습니다. 도매업은 주로 다음과 같은 경우라고 보시면 됩니다.

① 소매업 또는 다른 도매업자에게 상품을 판매합니다 ② 산업용 사용자에게 상품을 대량 또는 큰 액수로 판매합니다 ③ 주로 업무용으로 사용되는 상품을 판매하고, ④ 제조업체가 다른 장소에 거점을 만들어 자사 제품을 소매업자 등에 판매하기도 합니다 ⑤ 다른 사업소를 위해 상품 매매의 대리행위를 하며, 또한 중개인으로서 매매를 알선하기도 합니다.

유통경로에 있어서 도매업은 제조업자(생산자)와 소매업 사이의 접점에 있습니다. 도매업이 유통의 다단계를 조장한다는 존재로서 받아들이게 될 경우 소위 도매업 무용론으로 발전하게 됩니다.

그러나 유통경로 단계가 늘어나면서 얻어지는 장점을 보면 그 존재의의를 알 수 있습니다. 도매업의 존재의의를 옹호하는 이론으로서는 거래총수최소화의 원리(홀의제1법칙)와 불확실성의 풀 원리(홀의 제2법칙)라는 것이 있습니다.

거래총수최소화의 원리는 제조업자와 소매업자 사이에 이루어지는 거래의 총수는 도매업자가 개입함으로서 감소한다는 원리입니다. 예를 들어 제조업자가 4개사, 소매업자가 4개사가 있다고 한다면, $4 \times 4 = 16$이 됩니다. 그러나 제조업자와 소매점 사이 도매업자 1개사가 개입된다면 $4 + 4 = 8$의 거래가 됩니다. 즉 도매업자가 개입함으로서 거래수는 곱하기가 아니라 더하기가 되기 때문에 거래에 관계하는 제조업자와 소매업자가 많은 수록 거래총수는 감소한다는 것입니다.

불확실성의 풀 원리는 유통경로상에 도매업자가 존재하지 않을 경우 현대와 같이 변화하는 소비자의 구매행동에 신속히 대응해서 상품이 품절이 일어나지 않도록 소매업자는 미리 상

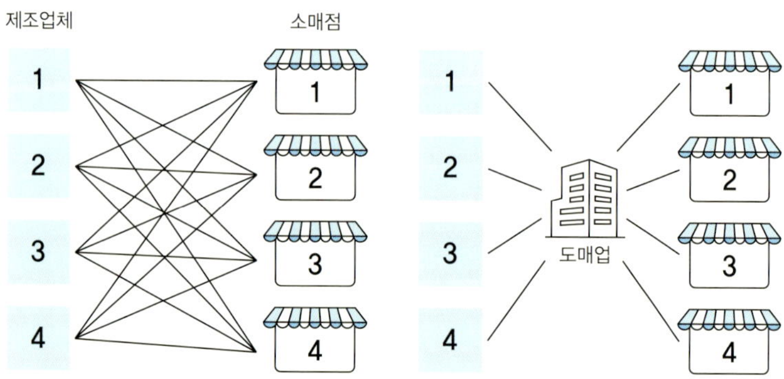

제조업체의 수×소매점의 수
4×4=16

제조업체의 수×소매점의 수
4+4=8

품을 준비해 놓아야 합니다. 그러나 소매업자가 막대한 양의 재고를 보유하게 되는 것은 사회적으로도 비효율적입니다. 도매상이 재고를 보유함으로서 사회적인 총재고수를 감소시켜 소매업자의 유통비용, 재고비용을 절감시켜 준다는 것입니다.

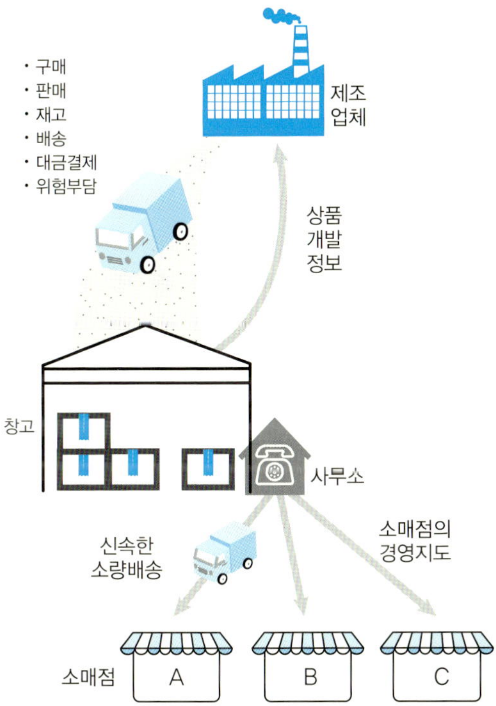

도매업의 구조

8. 물류

우리 나라에서 물류의 사회적·기업적 관심이 높아진 것은 1970년대 경제성장과 밀접한 관계가 있는데 경제성장에 따른 물류량의 증대, 물류비용의 상승, 물류시설의 부족과 낙후라는 문제 속에서 등장했습니다. 그리고 1980년대에 이르러 비로소 물류라는 개념을 본격적으로 인식하기 시작했는데요, 개별기업은 물류를 제3의 이익 창출원으로 보고 저비용을 위한 효율추구를 시작했던 것입니다.

또한 물류는 개별기업의 시점을 넘어서 국민경제 전체의 시점의 효율화나 사회전체의 최적화가 요청되기에 이르렀습니다. 사회공공자본의 미정비, 물류시설의 부족과 낙후, 도시권에서의 교통 및 도로사정의 악화, 지가상승과 적지의 부족, 공해문제 등으로 원활한 물류 활동의 수행을 어렵게 했기 때문입니다. 이는 이제 개별기업의 이해를 넘어서 사회전체의 시점에서 물류에 대한 개선의 필요성이 제기되었다는 것을 말합니다. 이러한 문제에 대해 정부나 지방자치 단체 등은 다양한 개선책을 내놓고 있지만 그 해결은 불충분하며 많은 과제가 산적해 있는 것이 현실입니다. 물류에 대한 접근법은 이와 같이 거시적(국민경제·사회전체적 시점)·미시적(기업적 관점)인 방법 등

두 가지가 있는데 실제 이 두 가지의 상호보완 속에서 물류가 발전해 온 것입니다.

그리고 경제의 안정성장과 소비사회의 정착으로 경제의 체질이 변화하여 물류에 대한 기대가 보다 높아지고 세분화된 요청이 많아졌습니다. 즉 산업구조의 변화·서비스 경제화에 따른 중후장대형 상품의 물류량 둔화경향, 소비자 욕구의 개성화·다양화에 의한 첨단 소형 상품의 증가경향과 다품종소량·다빈도(多頻度) 물류 가 등장하기에 이르렀습니다. 이것이 택배입니다.

1990년대 초 한국에 택배서비스 업무가 도입된 후 약 20년

택배 종사자(만명) : 2.0('04) → 2.9('07) → 3.5('09) → 5.4('14 전망)

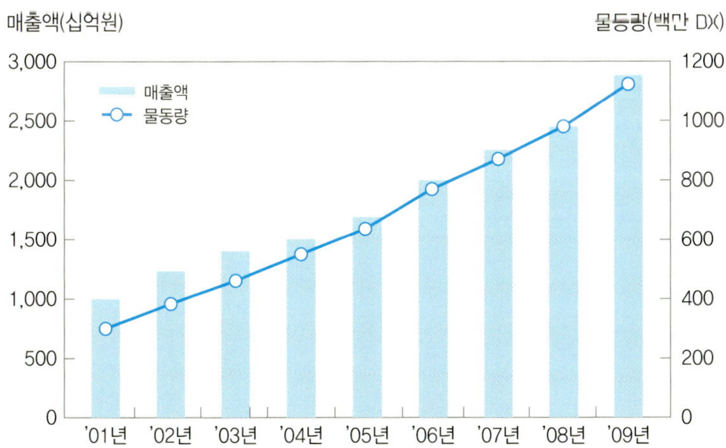

출처: 한국교통연구원

만에 연간 취급물량이 10억상자를 넘어 설 정도로 택배는 우리 생활에서 필수불가결한 일이 됐습니다. 국민 1인당 연간 20회 이상을 이용할 정도로 택배는 생활편의 서비스로 자리잡았다는 것은 괄목할 만한 성장입니다. 특히 홈쇼핑 등 통신판매시장의 급격한 성장과 특산물 배송 등 무점포 산업과 연계해 물량을 키우며 새로운 수입원을 창출하고 있습니다.

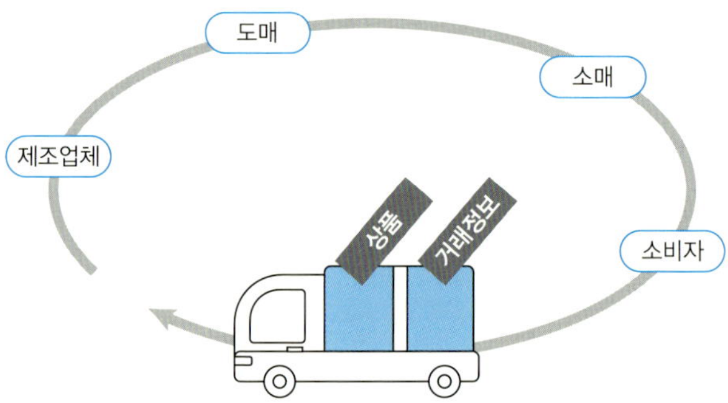

물류의 역할

9. 물류의 범위

일반적으로 유통은 생산물의 생산단계로부터 소비 또는 이용의 단계에 이르는 과정에서 발생한다고 할 수 있는데, 그렇다면 어느 단계까지를 그 대상 범위로 해야 하는가를 둘러싼 몇 가지 가설이 있습니다. 물류를 광의의 의미로 파악하면 다음과 같은 4가지가 모두 포함됩니다.

① 첫째는 조달물류로서 생산자, 제조업자는 원재료, 부품, 에너지 자원을 생산과정의 개시 과정으로 이전시키는 것을 의미하고, 도매업자나 소매업자는 구매상품에 관한 물류 활동입니다.

② 두 번째는 생산물류와 기업내 물류로서 공정내와 창고간에 원재료, 중간재(반제품) 및 완성품을 이동시키는 것을 말합니다.

③ 세 번째는 판매물류라는 것으로 필요에 따라 도매업자나 소매업자를 개재시켜 완성품을 최종적인 구매자에게 이동시키는 것을 말합니다.

④ 마지막으로 네 번째는 회수물류라고 하며 일반적으로 상품의 생산으로부터 소비자에게 이전되는 것과는 반대

로 반품과 한번 폐기된 것 가운데 유가자원으로서 환원되는 리사이클링(recycling)을 말합니다.

특히 환경문제나 자원문제가 사회적 관심을 집중시키는 가운데 이 ④를 물류의 범위에 넣어야 한다는 주장이 대두되면서 생산 — 판매 — 소비 — 폐기 — 환원의 전체적인 순환의 구축까지를 포함한 물류 개념도 등장하고 있습니다.

■ 물류의 대상범위

① 조달물류(창고·보관업) : 원재료, 부품, 에너지 자원

제조업자(원재료, 부품에 관한 물류 활동)

도매업자 및 소매업자(매입상품에 관한 물류 활동)

② 생산물류(공장창고) : 기업내물류, 부품가공조립, 가공

사내물류(제품의 완성공정과 수송포장을 하는 시점부터 고객에게 판매가 확정될 때 까지)

③ 판매물류(배송센터) : 완성품, 도매업자, 소매업자

고객에게 상품인도를 위한 물류 활동

④ 회수물류(반품, 유가자원(리사이클링))

자원회수, 재이용, 폐기물 감량을 위한 물류 활동

⑤ 소비자물류(일반소비자 대상 사업) : 택배, 이사

도시권에서의 주택사정과 지가의 상승을 반영하여 가재도구, 의류, 서적 등 비상품을 일정기간 보관하는 서비스

미국에서 말하는 physical distribution(물류)은 완성품을 중간업자나 최종 구매자에게 이동시키는 ③을 말하는 경우가 많습니다. 우리 나라에서 물류라고 하면 이 ①~③전체를 말합니다. 그리고 물류라는 문제는 생산자만의 문제가 아니라 도매업자와 소매업자에게도 대단히 중요한 매니지먼트 과제입니다. 또한 최근에는 일반 소비자를 대상으로 하는 이사, 택배 등 물류 서비스를 소비자 물류라고 부르기도 합니다.

10. POS시스템

판매정보, 매입, 배송 등의 각종 정보를 유효하게 활용하는 정보시스템

최근 유통업계는 POS 시스템 채택에 적극적입니다. 일명 포스라고 합니다. POS 시스템(point of sales system)이란 판매시점 정보관리 시스템을 지칭하는데 종래의 키인 방식이 아니라 자동읽기 방식으로 상품단위별로 수집한 판매정보 및 매입, 배송 등의 활동으로 발생하는 각종 정보를 컴퓨터에 보내 각 부문이 유효하게 이용하도록 정보를 가공, 전달하는 시스템으로 소위 유통업의 종합정보시스템을 의미합니다.

즉 고객이 구입한 상품을 품목별로 붙은 상품 코드에서 가격, 수량 등을 스캐너가 자동으로 읽어 매출금액이 계산되고 컴퓨터로 파일된 영수증이 발행되고 파일된 상품정보는 마케팅 데이터로서 상품관리, 고객관리, 마케팅 조사 등 다양한 형태로 이용됩니다. POS 시스템이 주목받는 가장 커다란 이유는 하나의 판매시점정보로부터 다양한 조사목적, 경영목적에 따라 데이터의 이용이 가능하다는 것을 지적하지 않을 수 없습니다. POS 시스템 도입에 따른 직접적인 효과를 하드 메리트라고 하며 데이터 활용으로 실현된 경영의 체질개선과 전략형성 효과를 소프트 메리트라고 합니다.

POS시스템이 유통업체에 미치는 영향은 다음과 같습니다.

① 매장관리 : 레지스터의 입력착오나 고객의 대기시간을 단축시킬 수 있으며 계산사무작업이 정확해지고 신속하게 처리되어 계산 작업의 생산성 향상에 공헌한다.

② 상품관리 : 가격표를 자동으로 읽어 단일 상품별 상품 동향을 파악이 가능해지고 이로써 어느 상품이 얼마만큼 팔렸고 팔리지 않는 상품은 어느 정도인가를 알 수 있어 재고 조회가 신속하게 이루어진다. 이것은 팔리지 않는 상품을 배제해서 재고회전율을 향상시키고 결격상품을 방지할 수 있어 이익률을 끌어올리는데 공헌한다. 이는 종래 유통업의 부문관리로부터 단일 상품관리로 상품의 계수 관리가 세분화된 것을 의미하며, POS에 의한 판매시점데이터의 파악으로 머천다이징(상품화 계획)사이클로서 발주-납품-판매의 각 단계에서의 데이터 연동을 중시하는 경영 자세를 파생시켰다.

③ 고객관리 : ID카드나 신용카드의 발행을 통해 고객의 회원화를 이루고 누가 무엇을 얼마에 언제 어떠한 방법으로 구입했는가에 대해 개개의 고객 구매기록을 축적해서 고객 데이터 베이스를 구축한다. 이에 따라 타깃을

명확히 한 마케팅 활동과 효과적인 다이렉트 메일의 전개가 가능해지고 고객 서비스 향상에도 활용한다.

④ 종업원 관리 : POS 레지스터나 스토어 컨트롤러를 내장한 타이머로 종업원 개개인의 근무상황, 영업성적 등을 파악할 수 있고 급여계산도 자동으로 이루어진다. 또한 캐셔의 교육시간 단축과 등록 실수의 방지에도 도움이 된다.

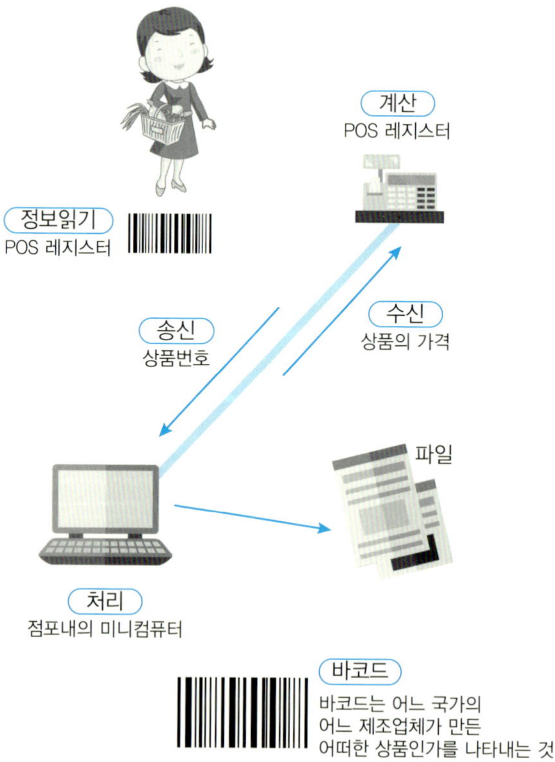

⑤ 정보의 집중관리 : 각각의 POS 터미널로부터 수집된 정보는 점내 또는 본부의 컴퓨터 센터로 보내지고 분석되어 각종 데이터로 가공되어 데이터베이스로서 필요한 부문, 점포 등에서 활용된다.

특히 다른 기업과의 경쟁우위성을 확립하기 위해 POS 시스템을 적극적으로 활용하게 된다면 정보를 의사결정에 활용하기 위해 전략적 정보시스템(SIS : Strategic Information System)의 구축이 필요해 집니다. 소매업에서는 이와 같은 시스템의 구축을 소매정보시스템이라고 합니다. 소매정보시스템이란 소매기업의 매니저의 정보 필요를 예측하는 것, 즉 지속적인 기반에서 적절한 데이터를 수집하고 조직하며 보관하는 것이며 나아가 소매기업의 의사 결정자에게 유효한 정보원을 창출하는 것을 의미합니다.

11. 상권

습관적으로 해당점포에 물건을 살 목적으로 찾아오는 고객이
사는 지역적 범위

상권이란 매장에 내점하는 고객의 지역 범위를 말합니다. 또한 상세권이란 특정의 상업 집적(상점가 등)의 상업세력이 미치는 범위를 말하고, 일반적으로는 상권보다는 상세권이 넓은 범위가 됩니다. 그러나 상세권이 넓어진다고 상권이 넓어지는 것은 아닙니다. 그것은 상세권이 넓어지면, 경쟁하는 매장도 증가하는 경우가 많기 때문입니다.

상세권과 같이 사용되는 말로 역세권이 있으나, 이것은 역 주변에 상업 집적이 있는 경우와 역에 도보나 자전거 또는 버스 등을 이용해서 오는 사람의 구매가 기대될 때에 사용되는 경우입니다.

■ 업종·업태별 상권의 특징

상권은 업종, 업태, 점포 규모와 취급 상품에 따라 다르지만, 일반적으로 편의품은 협소하고 선매품은 넓다는 특징이 있습니다. 편의품은 거주지역에서 55~70%를 구입하기 때문입니다. 업종(태) 또는 상품 구성으로 볼 때, 일반적으로 말할

수 있는 상권의 크기는 다음과 같습니다.

① 편의품 위주의 일부 선매품

- 실용성과 저가성을 중시한 상품 구성으로, 점포는 대중적인 이미지
- 상권 범위 : 반경 500m~1.5km

② 선매품 위주의 일부 편의품

- 센스, 유행성, 품질 또는 가격 등을 다소 중요시하는 상품 구성으로, 점포는 고급스럽고 개성적이지만 친근한 이미지
- 상권 범위 : 반경 1km~5km

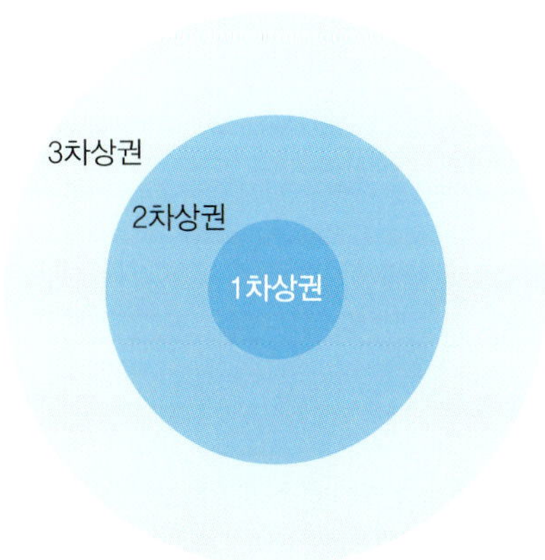

1차상권 : 점포고객의 55~70%
2차상권 : 나머지 15~20%
3차상권 : 1, 2차 나머지 고객(5~10% 유동고객 포함)

③ 선매품 위주

- 센스, 유행성 품질 등을 중시한 상품 구성으로, 점포는 호화롭고 고급스러우며 개성을 강조한 이미지
- 상권 범위 : 10km 이상

12. 서비스

소매업의 서비스 목적은 고객충성도의 향상이며,
이는 객수와 객단가의 증가로 나타난다

서비스는 일방의 당사자로부터 다른 당사자에게 제공되는 본질적으로 무형이며 어떠한 소유권도 수반되지 않는 모든 활동 또는 편익을 말합니다. 서비스는 제품의 임대, 소유하고 있는 제품의 개선, 수리, 개인에게 제공되는 서비스 등인데요, 예를 들면 렌터카, 정수기 렌탈, 양복수리, 가전용품 수리, 호텔 숙박, 비행기 여행 등은 모두 서비스 구입에 관계됩니다. 이와 같은 서비스는 제품과 다른 4가지 특징이 있습니다. 즉 무형성, 소멸성, 불가분성, 그리고 부정성(다양성)입니다.

① 무형성 : 서비스는 구입 전에 진열, 수송, 보관, 포장, 검사할 수 없습니다. 서비스 제공자는 단지 서비스라는 경험을 통해서 얻을 수 있는 편익에 대해 설명할 수 있을 뿐입니다.

② 소멸성 : 서비스는 몇 개월이 지난 후에도 판매가 가능한 제품과 같이 저장이 불가능합니다. 또한 사용되지 않은 능력을 시간적으로 이동시킬 수 없습니다. 따라서 서

비스 수요를 어느 시간(시기)이나 안정되게 사용하기 위해서는 소비자의 이용을 컨트롤할 필요가 있습니다.

③ 불가분성 : 서비스는 통상 제공자와 분리할 수 없습니다. 예를 들면 자동차 정비공장의 수준은 정비사의 기술에 의존하며 법률서비스 수준은 변호사의 기량에 달려있습니다.

④ 부정성(다양성) : 서비스가 가령 동일한 제공자에 의해 이루어져도 서비스 질은 일률적이지 않습니다. 이것은 문제점이 명확하게 규명되지 않았다든지 고객이 서비스라는 욕구를 잘 표현하지 못했다든가, 서비스의 대부분은 표준화나 대량생산이 불가능하다는 점에 기인합니다.

〈서비스와 제품의 기본적 차이점〉

서비스	제품
1. 서비스는 무형이다. 서비스는 행위, 행동, 실행, 노력이다. 서비스의 대부분은 물리적으로 소유할 수 없다. 서비스의 가치는 경험에 의거한다. 즉 소유권 이전은 없다. 2. 서비스는 통상 소멸하기 쉽다. 사용하지 않은 능력은 보관하거나 시간을 이전시킬 수 없다. 3. 서비스는 분리하지 못하는 것이 많다. 대부분의 서비스 질은 서비스 제공자와 분리할 수 없다. 4. 서비스는 시간의 경과에 따라 질이 변하기도 한다. 서비스 가운데 서비스의 필요를 판단할 때 그 이용자가 관련되거나 서비스 노동집약성 때문에 표준화하기 어렵다.	1. 제품은 유형이다. 제품은 물체, 재화, 물재이다. 제품의 가치는 소유권에 의존한다. 즉 소유권 이전이 발생한다. 2. 제품은 보관할 수 있다. 어느 시기의 과잉재고는 다른 시기에 제품이 부족할 때 충당할 수 있다. 3. 제품은 사양서에 따라 등급을 정해서 제조된다. 제품의 품질과 유통경로 구성원(channel member)의 질은 다르다. 4. 제품은 표준화할 수 있다. 대량생산과 품질관리를 수행한다.

저자 : 김동명

저자는 경북_봉화에서 출생하여
부산 경남공업고등학교 야간학부를 졸업하고
세종대학교 영문학과를 졸업 동대학교 경영전문대학원MBA를 거쳐
경제통상학과에서 연구 경제학박사 학위를 받았다.
신라대학교 국제관계학과 겸임교수로 재직하였고
국제구호NGO 나눔재단 월드채널 상임대표로서
캄보디아_몽골 등 제3세계 저개발국가에 무상학교를 세워
새마을운동 전수를 비롯한 교육구호 활동에 앞장서고 있다.
현재 캄보디아 프놈펜소재 IIC University총장과
푸난 International 초_중_고등학교 및 푸난대학교 설립자로서
우리나라 선진교육을 해외에 전파하는데 힘쓰고 있다.

논문 및 저서로는
'중국 온라인 시장의 현황과 활성화 방안에 관한 연구(December 2013)'
'한국 영화의 대중국 진출 방안에 관한 연구(February 2014)'
'e-금융을 위한 금융상품의 안정성에 대한 연구(A study on the Financial Goods safty for e-Financial (April 2014 영문판)'
'한국의 대 캄보디아 수출경쟁력 요인분석(June 2015)' 등이 있다.

유통의 이해

발 행 일	• 2015년 9월 25일
저 자	• 김동명
발 행 자	• 최봉조
발 행 처	• 진샘미디어
주 소	• 서울특별시 은평구 연서로5길 28 부호아파트 102동 상가 5호
전 화	• 02)353-4421
F A X	• 02)353-4431
Home-page	• www.jinsaem.co.kr
신 고 번 호	• 제311-2005-000025호
I S B N	• 979-11-85504-50-6 (03320)

정가 15,000원